AF192305

Rolf Kamphaus

Preisverhandlungen im
Einkauf

Herstellung und Verlag:
Books on Demand GmbH, Norderstedt
ISBN 978-3-8391-3261-6

Inhaltsverzeichnis

Vorwort

„Im Einkauf liegt der Gewinn!" Dieser viel zitierte Satz ist eine Herausforderung für den Einkäufer. Er sollte danach nichts unversucht lassen, um so günstig wie möglich einzukaufen.

Unerträglich wäre es doch lieber Leser, sich nur mit geringem oder sogar mit gar keinem Preisnachlass bzw. Sonderkonditionen abspeisen zu lassen. Deshalb stehen die Gesprächstaktiken im Vordergrund, Gesprächstaktiken für den Einkäufer um „gute Preise" zu erzielen. Es werden Gesprächstechniken vorgestellt und Lösungen für spezielle Gesprächssituationen angeboten. Außerdem wird auf einige Methoden der Verkäufer eingegangen und geschildert, wie darauf wirkungsvoll zu reagieren ist.

Nicht mit jedem Verkäufer ist alles zu machen, denn die Gesprächssituation ist oft sehr unterschiedlich. Das Spektrum der Umgangsformen zwischen Einkäufer und Verkäufer reicht von freundschaftlichen Verhalten bis hin zum Kampf. Es spielt sicherlich der Grad der gegenseitigen Sympathie, die jeweilige Ausgangslage um nicht zu sagen Machtposition sowie die jeweilige Interessenslage eine Rolle. Unterschiedliche Gesprächssituationen fordern einen unterschiedlichen Einsatz der Mittel. Deshalb ist in der Wahl der Mittel differenziert vorzugehen. Aus diesem Grund werden eine Reihe von Taktiken vorgestellt, die je nach Einschätzung der Situation zur Anwendung kommen können.

Dieses Buch beschränkt sich nicht auf allgemeine Hinweise. Vielmehr werden in Form von Beispielen konkrete Formulierungen für den Gesprächsverlauf vorgeschlagen, die natürlich der ganz persönlichen Ausdrucksweise anzupassen sind.

Viel Spaß wünscht

Rolf Kamphaus

1. Die Typisierung der Lieferanten

Bevor auf die Preisverhandlungsthematik ausführlich ein-gegangen wird, folgt zunächst eine Grobstrukturierung des potentiellen Lieferantenkreises. Im Hinblick auf die Preis-verhandlung soll diese Einteilung auf Strategien, Möglich-keiten aber auch auf Gefahren aufmerksam machen.

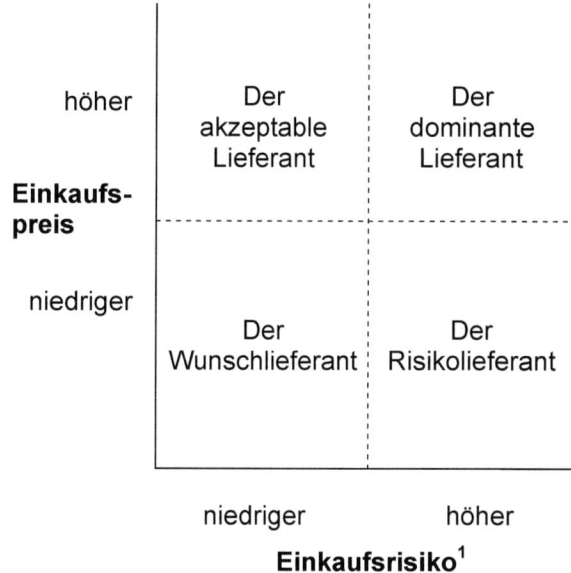

Abb. 1: Die Lieferantenkreisstrukturierung in Abhängig-keit von Einkaufspreis und Einkaufsrisiko

---

[1] Der Begriff Einkaufsrisiko bezieht sich in diesem Zusammenhang auf die Einhaltung des Liefertermins und/oder auf die Qualität der Ware.

Der akzeptable Lieferant

Er ist derjenige Lieferant, mit dem wir Geschäftsbeziehungen pflegen. Wir sind mit ihm weitestgehend einverstanden. Auch seine Preisgestaltung ist für uns akzeptabel. Selbst wenn wir im Großen und Ganzen seine Preise akzeptieren, sollten wir immer bemüht sein, an der Preisschraube nach unten zu drehen. Dies bedeutet, dass wir uns nicht generell mit allem zufrieden geben und auch seine Preiserhöhungen keinesfalls kommentarlos hinnehmen, sondern auch von Zeit zu Zeit mit diesem Lieferanten Preisgespräche führen.

Der Wunschlieferant

Wir sollten immer bemüht sein, einen noch preisgünstigeren Anbieter zu finden und deshalb ständige Markterkundung betreiben. Dieser Wunschlieferanten den wir suchen, bietet in etwa die gleichen Vorzüge wie der „akzeptable Lieferant", mit dem hauptsächlichen Unterschied, er ist noch preisgünstiger.

Vielleicht müssen wir gar nicht mehr weiter suchen, weil unser bisheriger Lieferant („akzeptable Lieferant") die Vorzüge eines „Wunschlieferanten" bereits bietet. Dies würde bedeutet, dass wir in der Preisgestaltung mit unserem bestehenden Lieferanten bereits in etwa im Bereich des Optimums liegen. Um das festzustellen, oder um doch noch einen günstigeren Anbieter herauszufinden, ist das Führen von Preisgesprächen mit potentiellen Lieferanten unerlässlich.

Der dominante Lieferant

So ein Lieferant hat uns gegenüber eine Machtstellung, die von ihm durch eine monopolistisch Verhandlungsweise ausgenützt wird. Er dominiert mit einem oder mehreren Produkten und hat deshalb kaum einen Mitbewerber zu fürchten. Wir sind also extrem abhängig von ihm, weil es für uns keine andere Alternative gibt. Der dominante Lieferant ist sich seiner Bedeutung für uns bewusst und spielt im Preisgespräch seine herausragende Stellung voll aus. Abgesehen von einem meist geringfügigen Gefälligkeitsrabatt kann hier nichts erreicht werden. Die Liefertreue lässt oft auch zu wünschen übrig, weil er auf einzelne Kunden, besonders auf die Kleinen, nicht angewiesen ist.

Zum Glück kommt diese spezielle Marktsituation, in der wir einem überlegenen Anbieter ausgeliefert sind, nicht ständig vor. Wenn jedoch eine solche Situation gegeben ist, kann diese verheerende Folgen haben, wenn uns der Lieferant nicht mehr beliefern will.

Deshalb ist es unbedingt notwendig, selbst wenn es einige Jahre dauert, sich mindestens einen weiteren Lieferanten heranzuziehen oder andere Maßnahmen zu ergreifen (z. B. Produktänderungen einführen), um aus der Abhängigkeit, wenn auch nur teilweise, zu kommen.

Folgende Fragen sind deshalb zu stellen:

1. Bin ich von „mächtigen" Lieferanten abhängig?
   Antwort:
   ☐ ja   ☐ nein   ☐ nicht einschätzbar
   Meine Anmerkungen:

   _____

   _____

2. Habe ich für jeden wichtigen Lieferanten einen Ersatz-
lieferanten?

Antwort:

☐ ja   ☐ nein   ☐ nicht immer

Meine Anmerkungen:

_____

_____

Der Risikolieferant

Der Risikolieferant besticht durch seinen günstigen Preis.
Ein Preisgespräch mit ihm zu führen, bereitet ein regel-
rechtes Vergnügen. Er stellt jedoch aufgrund seiner
mangelnden Liefertreue, manchmal auch durch seine
Qualität, ein oft zu großes Risiko da. Wir fallen wegen
seines guten Preises aber immer wieder auf ihn rein. Der
billigste Lieferant muss nicht immer der Preisgünstigste
sein. Eine solche Geschäftsbeziehung kann einen sehr
teuer zu stehen kommen. Deshalb darf nicht allein der
Preis die Kaufentscheidung beeinflussen, zumindest die
Liefertreue und die entsprechende Qualität sind ebenfalls
ausschlaggebende Gesichtspunkte.

Falls wir uns auf einen solchen Lieferanten einlassen, muss das eingegangene Risiko für das Unternehmen noch zu verkraften sein. Wenn jedoch ein nicht mehr vertretbarer Schaden entstehen könnte, das Risiko also zu groß wird, kommt eine solche Geschäftsbeziehung nicht in Frage.

Folgende Fragen sind deshalb zu stellen:

1. Sind solche risikoträchtigen Lieferanten vorhanden?

   Antwort:

   ❏ nein   ❏ ja   ❏ weiß ich nicht

   Meine Anmerkungen:

   _____

   _____

2. Halten sich die Lieferverspätungen und Qualitätsmängel in Grenzen?

   Antwort:

   ❏ ja   ❏ nein   ❏ nicht immer

   Meine Anmerkungen:

   _____

   _____

3. Durch welche Maßnahmen kann das Risiko vermin-
dert werden?

_____

_____

_____

_____

_____

4. Von welchen Lieferanten sollte man sich aufgrund des
zu hohen Risikos trennen?

_____

_____

_____

_____

_____

2. Die Preisverhandlung: Der Umgang mit dem „Gegenspieler", dem Verkäufer

Einkäufer und Verkäufer nehmen unbestreitbar unterschiedliche Positionen ein. Der eine will möglichst viel zum hohen Preis verkaufen, während der andere ein sehr preisbewusstes Verhalten zeigt und sich beim Einkauf genau an seinem Bedarf orientiert. Trotz diesen unterschiedlichen Positionen muss das Bestreben vorhanden sein, sich immer wieder zu einigen und somit einen Geschäftsabschluss zu besiegeln.

2.1 Die Sachebene und die Beziehungsebene: Wie kommen Einkäufer und Verkäufer miteinander aus?

Jedes Gespräch läuft streng genommen auf zwei Ebenen ab, egal ob es am Telefon oder von Angesicht zu Angesicht geführt wird. Die eine Ebene stellt die sachliche „Botschaft", das gesprochene Wort dar. Die andere Ebene, die den Gesprächsverlauf wesentlich mitbestimmt, bezieht sich auf die mitmenschlichen Komponenten.

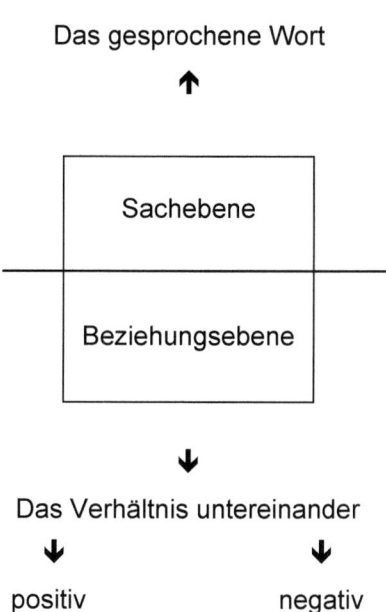

Das gesprochene Wort

Sachebene

Beziehungsebene

Das Verhältnis untereinander

positiv   negativ

Abb. 2: Die Sachebene und die Beziehungsebene im Gespräch

Mit jemandem, dem Sympathie entgegengebracht wird, ist es wohl kaum so ein großes Problem eine Einigung herbeizuführen, als mit einer Person die einem eher gleichgültig oder sogar unangenehm ist.

Wenn Einkäufer und Verkäufer sich nicht allzu viel Zuneigung entgegenbringen, wird häufig der Fehler begangen, dass einer der Gesprächspartner unbewusst den Versuch unternimmt, durch viel reden die fehlende Sympathie auszugleichen. Anstatt sich näher zu kommen, entfernen sich auf diese Weise die Gesprächspartner von einander. Wichtig ist, nicht so viel zu reden und stattdessen auf die Aussagen des Gesprächspartners konkret einzugehen.

Ein Problem ist aber auch häufig gegeben, wenn Einkäufer und Verkäufer ein „Herz und eine Seele" sind. Selbstverständlich lässt sich unter Menschen, die sich Sympathie entgegen bringen, verhältnismäßig schnell eine Einigung erzielen. Die Einigung erfolgt nur meistens auf Kosten der einen und immer derselben Person. Dies bedeutet, sobald sich zwei Menschen besonders gut vertragen, dass der eine von beiden seine Interessen – nach dem Grundsatz: „Tu es mir zuliebe" – immer durchsetzt, während der andere ständig nachgeben muss. Dieser Sachverhalt wird den Gesprächspartnern üblicherweise selten bewusst. Sofern wir als Einkäufer diese Steuerungsfunktion ausüben, kann es uns nur recht sein.

2.2 Kann das Verhalten des Verkäufers richtig eingeschätzt werden?

Das Verhalten von Menschen richtig einzuschätzen ist eine schwierige Angelegenheit. Viele von ihnen zeigen immer wieder neue Eigenheiten ihres Verhaltens. Wir reagieren dann oftmals überrascht und denken: „Das hätte ich jetzt nicht von ihm erwartet".

So gut wie kein Problem mit der Verhaltenseinschätzung haben wir allerdings, wenn wir den Verkäufer gut kennen, wenn wir schon mehrere Preisgespräche oder ähnliche Situationen gemeinsam mit ihm bewältigt haben. Es gibt aber auch Zeitgenossen, die selbst wenn sie einem sehr vertraut sind, immer aufs Neue überraschen.

Hinweise für das zu erwartende Verhalten in der Preisverhandlung kann es aber durchaus geben. Wenn wir unseren Verkäufer vor uns haben, können wir an seinem körperlichen Ausdruck oftmals die momentane Gesinnung feststellen. Er wird wohl kaum die ganze Zeit während des Gesprächsverlaufs wie angewurzelt, ohne Regung, auf dem Stuhl sitzen bleiben. Es lässt sich anhand der spontan eingenommenen und immer wieder wechselnden Körperhaltung sowie an dem Gesichtsausdruck die eher positiv oder negativ geprägte Gesinnung des Verkäufers erkennen. Eine 100%ige Sicherheit haben wir bei diesen Deutungen jedoch nicht. Die folgenden Tipps beruhen auf Erfahrungswerten.

Die Merkmale einer positiven Gesinnung

- Während wir reden, nickt unser Gesprächspartner mehrmals zustimmend mit dem Kopf.

- Die Mundwinkel gehen etwas nach oben.

- Die Sitzhaltung ist entspannt. Die Beine sind nach vorne gestreckt oder übereinander geschlagen.

- Der Augenkontakt wird gesucht.

- Die Hände und die Arme werden locker bewegt.

Die Merkmale einer negativen Gesinnung

- Die Mundwinkel gehen nach hinten oder nach unten.

- Die Beine sind nach hinten angewinkelt.

- Die Arme werden, zusätzlich zu den nach hinten angewinkelten Beinen, auf dem Tisch zu einer Barriere verschränkt.

- Dem Blickkontakt wird bewusst aus Abneigung ausgewichen.

- Die Hände werden unbewusst zu Fäusten geballt.

Wir können diese negativen Verhaltensweisen ignorieren, uns unberührt zeigen und ein hartes Preisgespräch führen. Es lässt sich aber auch der Versuch wagen, durch ein positives Verhalten und durch das Stellen von Fragen, die Stimmung im Gespräch zu heben.

So können wir beispielsweise, wenn unser Verkäufer zu stark abblockt (Kennzeichen: Oberkörper nach vorne geneigt, Arme verschränkt auf den Tisch gelegt, Beine nach hinten angewinkelt), ihm etwas hinüber reichen, ihm etwas in die Hände geben, damit er die Haltung öffnet und die Beine mehr nach vorne nimmt.

Es sind jedoch Gesprächssituationen möglich, in denen eine verlässliche Einschätzung nicht vorgenommen werden kann. Immer dann, wenn die Reaktion unseres Gesprächspartners im Voraus nicht klar erkennbar ist, hängt viel davon ab, was wir bereit sind zu wagen, was wir uns also zutrauen. Die insgeheime Frage: „Lässt sich mein Gesprächspartner auf meine Forderung noch ein, wage ich es also oder gehe ich lieber nicht so weit?" kann für den einen das große Problem darstellen, für den anderen dagegen überhaupt keine Schwierigkeit bedeuten. Durch Übung und gute Vorbereitung lassen sich die Konfliktsituationen im Preisgespräch auf jeden Fall leichter oder sogar mühelos durchstehen.

Im Großen und Ganzen sind wir in der Verhandlung, sofern nicht jeder Preis von uns im vornherein akzeptiert wird, auf folgendes Spiel angewiesen:

> Die Auffassung äußern, fordern und fragen, die Reaktion abwarten

2.3 Der Augenkontakt: Eine Methode, die Sympathie erzeugt?

Den Augenkontakt halten, dass ist so eine Sache. Die eine Person sieht intensiven Augenkontakt als Bedrohung an, für die andere Person dagegen ist dies eine hervorragende Methode, um einen guten Kontakt mit dem Gesprächspartner aufzubauen.

Grundsätzlich können zwei unterschiedliche Arten des Augenkontakts empfohlen werden. Der fordernde Blick und der abwehrende Blick.

1. Der fordernde Blick

Die Vorgehensweise:
Es wird ein Punkt im Gesicht des Gesprächspartners fixiert. Dieser Punkt liegt oberhalb der Nase und zwischen beiden Augenbrauen. Unser Gesichtsausdruck sollte dabei nicht zu hart wirken. Wir wollen ja schließlich niemanden vernichten.

Der Anwendungsbereich

Diese Art des Augenkontakts ist dann erforderlich, wenn es darum geht etwas durchzusetzen oder sich im Gespräch zu behaupten.

2. Der abwehrende Blick

Die Vorgehensweise

Diese Methode ist etwas schwieriger zu praktizieren. Wir schauen unseren Gesprächspartner an und stellen uns vier Punkte vor, die zusammen ein Quadrat bilden. Dieses Quadrat umfasst etwa einen Meter. Es geht nun darum, alle vier Punkte mit den Augen gleichzeitig zu erfassen. Unser Gesichtsausdruck sollte dabei eher gleichgültig sein. Der Gesprächspartner kann das Gefühl haben, wir schauen durch ihn durch. Die Augen werden auch meistens glasig.

Der Anwendungsbereich

Diese Art von Augenkontakt ist eine klassische Abwehrmethode. Immer, wenn wir in die „Schusslinie" geraten und angegriffen werden, können wir uns mit dieser Augenkontaktmethode verteidigen. Oftmals müssen wir auch gar nichts sagen. Dem Angriff des Gesprächspartners wird durch den Augenkontakt entgegengewirkt. Der

Gesprächspartner unterlässt dann, in den meisten Fällen, ganz automatisch seine negativen Äußerungen.

2.4 Die Gesprächsfehler, die im Umgang mit dem Verkäufer zu vermeiden sind

Diese Gesprächsfehler verursachen eine gereizte Atmosphäre.

o **Dem Verkäufer wird direkt widersprochen**

Beispiele:

- „Das was Sie jetzt erzählen, habe ich noch nie gehört ...."
- „Ich glaube, das sehen Sie nicht richtig ..."
- „Das kann so nicht stimmen ..."
- „Das muss andere Gründe haben ..."

o **Der Verkäufer wird belehrt**

Beispiele:

- „Das ist in Wirklichkeit doch ganz anders ..."
- „An Ihrer Stelle würde ich mich da mal informieren ..."

- „Auch für Sie müsste es eigentlich einsichtig sein ..."
- „Gerade Sie müssten es doch eigentlich wissen ..."

o **Der Verkäufer wird abgewertet**

Beispiele:
- „Ich weiß nicht, wo Sie das gehört haben ..."
- „Wissen Sie das überhaupt genau ..."
- „Über das was Sie sagen, muss ich mich zur Sicherheit noch wo anders erkundigen ..."
- „Das kann ich Ihnen so nicht ohne weiteres glauben ..."

2.5 Der Grundsatz für den Umgang mit dem Verkäufer

Nehmen Sie bitte Ihren Gesprächspartner immer ernst und respektieren Sie ihn auch dann, wenn das Preisgespräch härter wird. Greifen Sie ihn nie persönlich an.

Durch einen persönlichen Angriff, verbunden mit einer geringen persönlichen Wertschätzung, wird der Gesprächspartner zum Gesprächsgegner.

Ein Gegner wird jedoch bekämpft und muss im unterlegenen Fall, die Niederlage unwillig hinnehmen. Nur mit einem Partner kann eine Einigung erzielt werden.

3. Die geläufigsten Methoden der Verkäufer in der Preisverhandlung

o **Das Selbstverständlichkeitsverhalten**

Durch die Art des Verkäufers und vor allem durch seine gleichgültige Stimmlage, wird der Preis als belanglos nach dem Motto: „Muss eben so sein, ist eben so hoch" hingestellt.

Wir sollten dieses Verhalten so nicht hinnehmen, sondern sofort die Frage nach einem Preisnachlass stellen.

o **Die Verwunderungstaktik**

Auf die Forderung nach einer Preisreduzierung zeigt sich der Verkäufer oftmals verwundert bis entsetzt und drückt dadurch sein Unverständnis aus, dass der Versuch unternommen wird, den Angebotspreis noch zu drücken. Dieses Verhalten soll natürlich den Einkäufer davon abhalten an der Preisschraube weiter zu seinen Gunsten zu drehen.

Auf die Ausführungen des Verkäufers ist nicht einzugehen. Am besten sie werden überhört. Der Augenkontakt ist abzubrechen und der Kopf geringfügig zu senken. Die Forderung nach der Preisreduzierung ist noch einmal mit sachlicher, also emotionsloser Stimme zu wiederholen.

o **Der Hinweis, dass andere Unternehmen auch zu diesem Preis kaufen**

„Ich kann Ihnen ohne weiteres beweisen, dass Einkäufer anderer Firmen unseren Preis als den richtigen Preis ansehen." Mit einer solchen oder einer ähnlichen Formulierung wird signalisiert, dass der Einkäufer mit seinem Wunsch aus dem üblichen Rahmen fällt. Das Einlenken beim Preisgespräch wird damit bezweckt.

Es ist ratsam das angeschnittene Thema zu verlassen und auf das momentane Preisgespräch zurückzuführen.

Beispiele:

- „Ich kenne diese Herrschaften mit Sicherheit nicht. Wir beide verhandeln jetzt den Preis."
- „Die Gepflogenheiten dieser Firmen kenne ich nicht. Wir beide verhandeln jetzt den Preis."

o **Die Aufwertung des Einkäufers**

Leicht schmunzelnd mit einer gewissen Anerkennung wird beispielsweise gesagt: „Sie versuchen es aber auch mit allen Mitteln, doch weiter entgegenkommen kann ich Ihnen beim besten Willen nicht mehr". Durch diese Methode soll der

Preis behauptet und die Enttäuschung für den Einkäufer erträglich gemacht werden.

Wir können das hinnehmen, bei einem dominanten Lieferanten müssen wir das höchstwahrscheinlich auch.

Wir können aber noch einen Versuch wagen.

Beispiele

- „Es ist Ihnen sicherlich möglich einen Projektrabatt zu gewähren. Darüber sollten wir jetzt reden."
- „Dann verhandeln wir das Zahlungsziel oder Sie liefern frei Haus."
- „Geben Sie sich doch einen Ruck. 2 % sind doch noch möglich."

Unter 7.10 „Die Preisuntergrenze des Verkäufers durchbrechen" (S. 129 ff.) sind diese und noch weitere Formulierungsvorschläge aufgeführt.

o **Die Behauptung, dass unter diesem Preis und zu der Qualität kein anderes akzeptables Produkt angeboten werden kann**

Dominante Lieferanten, die durch ihr monopolistisches Verhalten gerne ihre Marktmacht zeigen, bedienen sich häufig einer solchen oder ähnlichen Ausdrucksweise. Manchmal schwingt auch noch der Unterton mit: „Sei doch froh, wenn Du überhaupt beliefert wirst". Auf ein Entgegenkommen kann in einer solchen Situation nicht gesetzt werden.

Wenn jedoch diese Behauptung nicht stimmt, sollten wir, ohne dem Verkäufer zu nahe zu kommen, eine Gegenposition einnehmen.

Beispiel:

• „Sie bieten mit Sicherheit ein hervorragendes Produkt an. Ich könnte Ihnen jedoch ohne weitere zwei Anbieter nennen, die bei etwa gleicher Qualität preislich günstiger liegen."

Das Thema „Mitbewerber" ist sofort zu beenden. Gleich danach konfrontieren wir den Verkäufer mit einem Preisgebot.

○ **Das Herausstellen der Liefertreue oder die Betonung des besonderen Services**

Viele Verkäufer stellen die Besonderheiten ihrer Firma, oft mit einiger Berechtigung heraus, um ihren Preis vor dem Kunden abzusichern.

Es empfiehlt sich, zunächst eine gewisse Anerkennung zu zeigen. Eine Gegenposition kann dann jedoch eingenommen werden.

Beispiel:

- „Es gibt Mitbewerber von Ihnen, die garantieren mir das aber auch."

Die Preisreduzierungsabsicht sollte danach aber wieder aufgenommen werden.

Beispiele:

- „Was spricht gegen einen Rabatt von 2 %? Eigentlich doch nichts?"
- „Machen wir eine runde Sache draus, runden wir doch den Betrag einfach ab."

4. Welche Faktoren bestimmen das Handeln?

4.1 Die Ausgangslage

Wie kompromissbereit oder umgekehrt ausgedrückt, wie wenig kompromissbereit wir uns in der Preisverhandlung geben, hängt von dem Grad der Notwendigkeit ab, den Auftrag an eine bestimmte Firma zu vergeben.

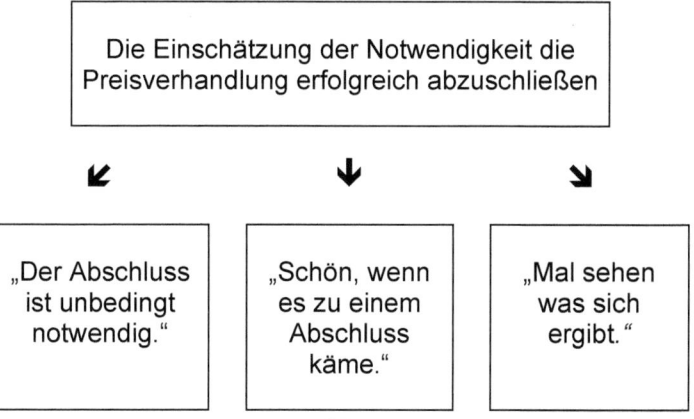

Einstellung:	Einstellung:	Einstellung:
„Nur von der Firma kann (im Moment) das Produkt bezogen werden."	„Von der Firma würde ich gerne das Produkt kaufen, wenn der Preis in etwa stimmt."	„Es gibt genügend Anbieter. Der Günstigste bekommt den Zuschlag."
Die Gründe:	Im Hinterkopf:	
„Wir kaufen immer da."	„Notfalls gibt es aber auch noch andere Anbieter."	
oder		
„Nur die haben das entsprechende Produkt."		
oder		
„Bei der Dringlichkeit können nur die so schnell liefern."		

Starke Abhängigkeit	Mittlere bis schwache Abhängigkeit	Keine Abhängigkeit

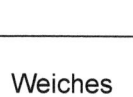

Weiches Verhandeln	Sachbezogenes Verhandeln	Hartes Verhandeln
Sachbezogenes Verhandeln ausprobieren		Alles-oder-nichts-Standpunkt

Abb. 3: Die Einschätzung der Notwendigkeit die Preisverhandlungen erfolgreich abzuschließen

4.2 Die Verhandlungsarten

Weiches Verhandeln	**Sachbezogenes Verhandeln**	**Hartes Verhandeln**
Es wird mehr oder weniger bereitwillig nachgeben.	Eine Lösung, mit der beide leben können, wird gesucht.	Die Preisforderung wird gestellt.
Die (problemlose) Einigung steht im Mittelpunkt.	Die Zielverfolgung, ohne kompromissloses Auftreten, steht im Vordergrund.	Der Standpunkt wird kompromisslos verteidigt.
Harte Auseinandersetzungen gibt es nicht.		Nur das Ergebnis, der Preis zählt.

Abb. 4: Die drei unterschiedlichen Verhandlungsarten

4.3 Die (innerliche) Kaufentscheidung

Der Einkaufsvorgang läuft beim Menschen über die folgenden Stationen ab:

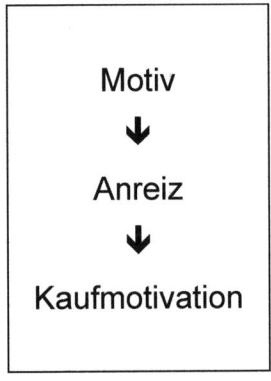

(Abb. 5: Der Einkaufsvorgang)

Erläuterungen:

Motiv →   Das Motiv ist ein Beweggrund, ein Antrieb für die Suche nach einer Lösung. Das Motiv wird durch einen objektiv oder einen subjektiv empfundenen Mangel ausgelöst.

Anreiz ➜ Der Anreiz suggeriert einen Vorteil. Der Anreiz kann in der Art der Ware oder durch den günstigen Preis begründet sein.

Kaufmotivation ➜ Durch Motiv und Anreiz wird die Kaufmotivation und danach die Kaufhandlung ausgelöst.

Wenn das Motiv nicht allzu stark ausgeprägt ist, also die Meinung vorherrscht: „So dringend brauchen wir das ja auch nicht" oder „Andere Lieferanten haben das Produkt auch im Angebot", dann kommt die Kaufentscheidung meistens nur über einen attraktiven Anreiz zu Stande.

Ist dagegen das Motiv sehr stark ausgeprägt, nach dem Motto: „Das muss es sein" oder „Wir brauchen das sofort", dann steht die Beseitigung des Mangels im Vordergrund. Es wird sofort gekauft. Ein höherer Preis wird mehr oder weniger zähneknirschend hingenommen.

Günstig ist natürlich die Situation, wenn ein sehr starkes Motiv besteht, wir also die Ware unbedingt haben wollen oder dringend benötigen und uns ein starker Anreiz, ein guter Preis geboten wird.

Ein Nachteil kann für uns entstehen, falls dem Verkäufer klar wird, dass wir sehr dringend sein Produkt benötigen oder er feststellt, dass die Kaufentscheidung innerlich bei uns bereits getroffen wurde. Ein guter Verkäufer zeigt sich dann in der Preisverhandlung nicht mehr sehr beweglich.

5. Das Spektrum der in Frage kommenden Lösungen für die Preisverhandlung

Zunächst stellt sich die Frage:
„Auf welche Vorteile kann sich die Forderung des Einkäufers beziehen?"

Die Lösungsvorschläge in der Preisverhandlung können unter anderem sein:

o   Eine Preisreduzierung um einen bestimmten Betrag oder um einen bestimmten Prozentsatz durchsetzen

- o Den Preis noch nach unten abrunden
- o Einen Staffelrabatt erhalten
- o Einen Projektrabatt durchsetzen
- o Durch Erhöhung der Absatzmenge den niedrigen Preis bekommen
- o Mehr Ware für den Preis erhalten (Beispiel: 7 Stück zum Preis von 5 Stück)
- o Eine Verlängerung der Garantiezeit erreichen
- o Eine Verlängerung des Zahlungsziels bekommen
- o Die Lieferung frei Haus erreichen

Ihre Vorschläge lieber Leser:

- o _____
- _____
- o _____
- _____
- o _____
- _____
- o _____
- _____

6. Die Gesprächstechniken und ihre Anwendung für das Preisgespräch

Die elementaren Gesprächstechniken, die im Preisgespräch von Bedeutung sind, werden nun vorgestellt.

Die
Gesprächstechniken
für das Preisgespräch

- Die Fragetechnik
- Die Zuhörtechnik
- Die Argumentation
- Die Bedeutung herausstellen
- Das Wenn-dann-Formulierungsschema
- Die Wendetechnik
- Die Technik des provokativen Schweigens
- Die Einwandbehandlung

Abb. 6: Die acht Gesprächstechniken für das Preisgespräch

6.1 Die Fragetechniken als Steuerungselement im Preisgespräch

> Nicht so viel sagen, lieber mehr fragen!

Wenn wir lange sprechen und unser Gesprächspartner dagegen schweigt, wissen wir nicht was er gerade über uns und das Gespräch denkt. Durch das Stellen von Fragen bekommen wir eine Rückmeldung und können uns von der Auffassung unseres Gesprächspartners ein Bild machen.

Außerdem steuern wir durch unsere Fragen den Gesprächsablauf, bringen unserem Gesprächspartner zum reden, erhalten Informationen, holen das Einverständnis ein und veranlassen ihn sich zu entscheiden.

Entsprechend dem Ziel, das wir verfolgen, kommen unterschiedliche Fragetechniken zur Anwendung.

Die folgenden Fragetechniken sind für uns wichtig:

.

| **Die offene Frage** |
| Vor allem geeignet für: |
| • das Gespräch in Gang bringen |
| • die Stellungnahme provozieren |
| • eine Information erfragen |

| Die Anwendung der Fragetechniken im Preisgespräch |

Die geschlossene Frage	**Die Alternativfrage**
Vor allem geeignet für:	Vor allem geeignet für:
• die Zustimmung einholen	• die Entscheidung erreichen
• den Sachverhalt abklären	• ein Abschlusssignal auslösen

Abb. 7: Die unterschiedlichen Fragetechniken im Preisgespräch

6.1.1 Die offene Frage

Diese Fragetechnik löst Antworten unseres Gesprächspartners aus, die wir kaum im Voraus einschätzen können. Wir müssen auf alles gefasst sein und schnell darauf reagieren.

Diese Fragetechnik hat jedoch für uns etwas Positives.
Einer solchen Frage kann so gut wie nicht ausgewichen
werden. Der Gesprächspartner wird dazu gebracht, eine
Antwort zu geben. Für den Fall, dass uns einmal die Ge-
sprächsführung aus der Hand gleitet und unser Verkäufer
in der Verhandlung dominiert, muss erfahrungsgemäß
nur eine offene Frage gestellt werden, um die Ge-
sprächsführung wieder zu bekommen. Durch offene Fragen ist es immer wieder möglich, die aktive Rolle einzu-
nehmen und somit das Gespräch zu steuern.

Die offene Frage beginnt üblicherweise mit einem
W-Wort. Sie wird deshalb auch häufig als W-Frage
bezeichnet.

Beispiele:

- „Welchen Angebotspreis können Sie mir machen?"

- „Was schlagen Sie denn vor?"

Es kann aber auch offene Fragen geben, bei denen das W-Wort erst an zweiter Stelle steht.

Beispiel:

- „In welchem Preisspektrum bewegen wir uns eigentlich?"

6.1.1.1 Die zwei Arten der offenen Frage

Worin liegt der Unterschied?

• „Was sagen Sie dazu?" • „Wie können wir uns jetzt einigen?"	• „Was muss ich dafür zahlen?" • „Wie lauten Ihre Konditionen?"

Der Gesprächspartner kann mit einer solchen Frage zum Reden ermutigt werden. Er wird verleitet seine Meinung mitzuteilen, eine Stellungnahme abzugeben und die Lösung zu äußern.

Mit dieser Art der Fragestellung lässt sich der Redefluss ankurbeln. Die Menschen können allerdings, je nach Temperament, auch unterschiedlich auf eine solche Frage reagieren. Der Eine redet mehr, der Andere redet dafür typbedingt etwas weniger.

Der Gesprächspartner wird nach einer konkreten Information gefragt. Danach ist die Gesprächsthematik beendet. Der Gefragte kann zwar an die Frage noch anknüpfen und weiterreden, von der Fragestellung geht jedoch hierfür kein Zwang aus.

↓ ↓

Diese Art der offenen Frage bezeichnen wir als „öffnend", weil der Gesprächspartner zum Erzählen veranlasst wird.

Da diese Art der Fragestellung lediglich auf begrenzte Informationen ausgerichtet ist und keine Notwendigkeit zum Weiterreden besteht, bezeichnen wird sie als eine offene Frage, die „nicht öffnend" ist.

Abb. 8: Die zwei unterschiedlichen Arten der offenen Frage

Übung: Welche Fragen sind „öffnend" und welche Fragen sind „nicht öffnend"?

Bitte kreuzen Sie die Fragen entsprechend an.

Frage	öffnend	nicht öffnend
1. „Wie können wir gemeinsam dieses Preisproblem lösen?"		
2. „Auf welchen Betrag können wir uns jetzt einigen?"		
3. „Wie viel Rabatt gewähren Sie bei 10.000 Stück?"		
4. „Was können Sie mir sonst anbieten?"		
5. „Aus welchem Grund gewähren Sie keinen Rabatt?"		
6. „Was kostet die Anschaffung?"		

Auflösung der Übung siehe Anhang S. 176 f.

6.1.1.2 Die Gegenfragetechnik

Wir stellen uns die folgende Situation vor: Der Verkäufer wird durch unsere Preisforderung an die „Wand gedrückt". Nehmen wir einmal an, er weiß sich nicht anders zu helfen und reagiert deshalb mit einer mehr oder weniger aggressiv vorgebrachten offenen Frage.

Gesprächsausschnitt:

Verkäufer: „Was glauben Sie denn wie viel Spielraum ich überhaupt habe?"

Einkäufer: „Etwas wird sicherlich noch möglich sein."

Verkäufer: „Das nehmen aber auch nur Sie an."

Selbstverständlich hat in diesem Gesprächsausschnitt unser Verkäufer ein klein wenig seine Fassung verloren.

Der Verkäufer hat die offene Frage zur Abwehr benutzt. Wenn jetzt von uns eine nüchterne sachbezogene Antwort kommt, werden wir fast immer zusätzlich noch einmal angegriffen. Oft hören wir nur ein kurzes abwertendes Gelächter.

Es empfiehlt sich der emotional geprägten offenen Frage eine normale nüchterne offene Frage entgegenzustellen. Wichtig ist dabei, dass wir auf die Frage des Verkäufers nicht eingehen. Nach der nüchternen offenen Frage wird in dem folgenden Beispiel die gewünschte Antwort selbst gegeben.

Beispiel:

Verkäufer: „Was glauben Sie denn wie viel Spielraum ich überhaupt habe?"

Einkäufer: „Was spricht dagegen, wenn wir den Betrag auf 3.000,-- € abrunden? 3.000,-- € ist ein guter Kompromiss."

Das Preisgebot wird durch das Hinzufügen des Satzes, eines Kommentars noch zusätzlich verstärkt.

Zur Verstärkung kann auch noch eine weitere Möglichkeit empfohlen werden. Im folgenden Beispiel ergänzen wir die nüchterne offene Frage durch eine zweite ganz andere Fragetechnik, die noch vorgestellt wird.

Beispiel:

Verkäufer: „Was glauben Sie denn wie viel Spielraum ich überhaupt habe?"

Einkäufer: „Was spricht dagegen, wenn wir den Betrag auf 3.000,-- € abrunden? (kurze Pause) **Haben wir uns somit auf 3.000,-- € geeinigt?"**

Euphorische Klänge sind von unserem Verkäufer als Reaktion natürlich nicht zu hören. Seine Antwort wird sinngemäß „na ja" lauten. Mit einer absoluten Ablehnung ist nur in Ausnahmefällen zu rechnen.

6.1.1.3 Was bei der Anwendung der offenen Frage unbedingt zu beachten ist

1. **Warum, weshalb** und **wieso** sind Reizworte, die unseren Gesprächspartner in den Rechtfertigungszwang versetzen. Ein aggressives Verhalten kann die Folge sein. In einem partnerschaftlichen Gespräch sollten diese Worte unterbleiben.

   Warum, weshalb und wieso können durch den Ausdruck „Aus welchem Grund" ersetzt werden.

Wenn es allerdings darum geht, den Gesprächspartner aus der „Reserve zu locken", kann die Anwendung von einem der drei Worte schon ab und zu empfohlen werden.

Beispiele:

- „Warum zeigen Sie denn überhaupt kein Entgegenkommen?"

In abgeschwächter Form würde die Frage lauten:

- „Aus welchem Grund zeigen Sie denn überhaupt kein Entgegenkommen?"

2. Zu viele der offene Fragen hintereinander gestellt, zermürben den Gesprächspartner. Er wird dadurch in die Enge getrieben und kommt aus dem Begründen und Rechtfertigen nicht mehr heraus. Eine solche Vorgehensweise kann als eine Beschuldigungstaktik oder sogar als Verhörstiel bezeichnet werden, die unter Umständen zur Einschüchterung des Gesprächspartners führt. Eine von beiden Seiten getragene Einigung lässt sich in einer so geführten Verhandlung wohl kaum erzielen.

6.1.2 Die geschlossene Frage

Bei der geschlossenen Frage beschränkt sich die Antwortmöglichkeit lediglich auf „ja" oder „nein".

Beispiele:

- „Ist das der Gesamtpreis?"
- „Reicht es Ihnen, wenn Sie nächste Woche den Auftrag bekommen?"
- „Ist das Ihr überarbeitetes Angebot?"

Eine solche Frage ist unkompliziert zu beantworten. Sie kann aber auch für uns unvorteilhaft sein, wenn der Gesprächspartner sofort mit „nein" antwortet.

Die geschlossene Frage lässt sich jedoch für spezielle Gesprächssituationen ganz gezielt als Gesprächstaktik einsetzen. Es können mehrere Anwendungsmöglichkeiten unterschieden werden. Wir nehmen die für unsere Zwecke geeignete Einteilung vor.

Die Kontrollfrage　　　　**Die Suggestivfrage**

↖　　　　　　　↗

```
Die Einteilung der geschlossenen Frage
         für das Preisgespräch
```

↙　　　　　　　↘

Die Provokationsfrage　　　　**Der Ja-Rhythmus**

Abb. 9:　Die Einteilung der geschlossenen Frage für
das Preisgespräch

6.1.2.1 Die Kontrollfrage

Die Kontrollfrage ist auf das Einholen der Zustimmung
ausgerichtet.

Beispiele:

- „Sind wir uns in diesem Punkt jetzt einig?"
- „Bleibt es bei dem Preis von 100,-- €?"
- „Haben wir uns damit auf den Preis geeinigt?"

- „Kann ich mich auf diese Zusage wirklich verlassen?"
- „Ist das in Ihren Augen so in Ordnung?"

Solche Fragen wie unter „Beispiele" werden in vielen Fällen nach erfolgter Einigung zur Gesprächsabsicherung und damit zur Festigung von Gesprächsergebnissen gestellt.

Die Kontrollfrage lässt sich aber nicht nur als Bestätigung nach erfolgter Einigung, sondern auch als Mittel zur Einigung einsetzen.

Das folgende Beispiel ist bekannt. Es wurde im Abschnitt 6.1.1.2 Die Gegenfragetechnik (S. 54) bereits angeführt.

Beispiel:

Verkäufer: „Was glauben Sie denn wie viel Spielraum ich überhaupt habe?"

Einkäufer: „Was spricht dagegen, wenn wir den Betrag auf 3.000,-- € abrunden? (kurze Pause) **Haben wir uns somit auf 3.000.-- € geeinigt?"**

Diese Zusatzfrage kann auch unter Anwendung der (normalen) geschlossenen Fragetechnik, in einer abgeschwächten Form, gestellt werden.

Beispiel:

- „Einigen wir uns auf 3.000,-- €?"

Die Kontrollfrage kann vielseitig verwendet werden. Es besteht ebenso die Möglichkeit sie als Ergänzung zu einem Preisgebot des Einkäufers hinzuzufügen.

Beispiel:

- „Unter diesen Umständen bin ich bereit 7.200,-- € zu zahlen. (kurze Pause) **Haben wir uns somit auf 7.200,-- € geeinigt?"**

6.1.2.2 Die Suggestivfrage

Die Suggestivfrage ist eine Frage mit einer „eingebauter Antwort", die sich an unserer Interessenslage orientiert. Sie soll unserem Verkäufer das Nein-Sagen erschweren.

Suggestivfragen werden vorzugsweise mit dem Wort „doch" gebildet.

Diese Beispiele für die geschlossene Frage sind bereits bekannt:

- „Ist das der Gesamtpreis?"
- „Reicht es Ihnen, wenn Sie nächste Woche den Auftrag bekommen?"
- „Ist das Ihr überarbeitetes Angebot?"

Jede von diesen Formulierungen lässt sich ohne weiteres in eine Suggestivfrage umwandeln.

Beispiele:

- „Das ist **doch** der Gesamtpreis?"
- „Es reicht Ihnen **doch**, wenn Sie nächste Woche den Auftrag bekommen?"
- „Das ist **doch** Ihr überarbeitetes Angebot?"

Die Suggestivfrage kann aber ebenfalls gut als Zusatzfrage ihre Anwendung finden. Bleiben wir bei den bereits bekannten Beispielen:

Beispiel:

Verkäufer: „Was glauben Sie denn wie viel Spielraum ich überhaupt habe?"

Einkäufer: „Was spricht dagegen, wenn wir den Betrag auf 3.000,-- € abrunden? (kurze Pause) **Der Preis ist doch sicherlich für Sie akzeptabel?"**

oder

Einkäufer: „Unter diesen Umständen bin ich bereit 7.200,-- € zu zahlen. (kurze Pause) **Der Preis ist doch sicherlich für Sie akzeptabel?"**

6.1.2.3 Die Provokationsfrage

Mit einer Provokationsfrage drücken wir unsere Unzufriedenheit aus und konfrontieren unseren Verkäufer direkt damit. Das Ziel ist, ein Einlenken zu bewirken. Wir leiten üblicherweise die Frage mit den Worten „Sie wollen ..." ein.

Beispiel:

Einkäufer   „Herr Hoch, Sie wollen also in keiner Weise ein Entgegenkommen zeigen?"

Eine solche Frage regt den Verkäufer üblicherweise zu einer spontanen Stellungnahme an, mit der er sich verteidigt:

Verkäufer: „Nein, nein, so war es nicht gemeint."

Wenn der Verkäufer nicht sofort danach einlenkt, kann die Frage erfolgen:

Einkäufer: „Wie war es dann gemeint?"

Weitere Beispiele:

- „Herr Schramm, Sie wollen mir wohl kein günstiges Angebot machen?"
- „Frau Kleinschmitt, Sie wollen also nicht von Ihrem überhöhten Preis heruntergehen?"

6.1.2.4 Der Ja-Rhythmus

> Ein „ja" bringt uns näher, ein „nein" kann uns entzweien.

Ganz so ernst ist dieser Spruch natürlich nicht zu nehmen. Tatsache ist jedoch, dass ein Gesprächspartner durch mehrmaliges ja-sagen innerlich stärker auf uns fixiert wird. Wir stellen in kürzeren Abständen zwei oder drei Fragen, die mit großer Wahrscheinlichkeit mit „ja" beantwortet werden.

Beispiel:

Einkäufer: „Sie sind doch auch an einer längerfristigen Geschäftsbeziehung interessiert?"

Verkäufer: „Ja, selbstverständlich."

Einkäufer: „Und so eine Geschäftsbeziehung funktioniert eben nur bei guten Preisen. Das sehen Sie doch ein?"

Verkäufer: „Ja, schon."

Einkäufer: „Dann spricht doch sicher nichts gegen den Stückpreis von 15,-- €. Das halten Sie doch sicher auch für ein faires Angebot?"

In diesem Beispiel wurde der Verkäufer sogar mit dem Ja-Rhythmus an die Problemsituation, den günstigen Stückpreis zu akzeptieren, herangeführt. Das gelingt nicht immer.

6.1.3 Die Alternativfrage

Wir stellen in einer Frage zwei Alternativen zur Auswahl und bringen mit dieser Technik den Gesprächspartner nahe, sich zu entscheiden.

Beispiel:

Einkäufer: „Bekommt meine Firma von Ihnen ein Zahlungsziel von 60 Tagen eingeräumt oder wollen Sie lieber 2 % Nachlass gewähren?"

Die Entscheidungssituation ist vorbereitet. Der Verkäufer kann sich das für ihn geeignete aussuchen.

Was passiert aber, wenn unser Verkäufer beide Alternativen ablehnt?

Fortsetzung des Beispiels:

Verkäufer: „Ich kann Ihnen leider nichts von beiden anbieten."

Einkäufer: „Welchen Vorteil wollen Sie dann bieten?"

Lösung: Wenn die Alternativfrage abgelehnt wird erfolgt sofort eine offene Frage.

Die Methode der Alternativfrage lässt sich auch als Taktik einsetzen.

Beispiel:

- „Geht es Ihnen nur um das schnelle Geschäft oder wollen Sie öfter Aufträge bekommen?"

Eine ernst zu nehmende Antwort ist hier nicht zu erwarten. Es wird in dem Beispiel lediglich das schnelle Geschäft abgewertet und die häufigere Auftragsvergabe schmackhaft gemacht.

6.2 Die Zuhörtechnik

Richtiges Zuhören ist eine Kunst. Während unser Gesprächspartner redet konzentrieren wir uns oft bereits auf das was wir sagen wollen und hören deshalb nicht immer richtig zu.

Jeder von uns möchte jedoch, dass ihm zugehört wird während er spricht. Wenn wir unserem Gesprächspartner zeigen, dass wir interessiert zuhören, fühlt er sich ernst genommen. Ein leicht abwesendes, auf etwas anderes konzentriertes Gesicht gefällt niemanden.

Richtiges zuhören heißt, während der Gesprächspartner spricht, sind alle inneren Gedanken vorübergehend zum Schweigen zu bringen. Die Absicht muss sein, den anderen wahrhaft zu verstehen und nicht nach dem Motto: „Ich weiß schon was er sagen will", gleich eine Antwort parat zu haben. Viele von uns hören nicht richtig zu, sondern interpretieren automatisch, das was der andere sagen will.

Mit jemandem der sich nicht erst genommen fühlt, weil er merkt, dass ihm nicht zugehört wird, ist schwer zu verhandeln und ein Ergebnis zu erzielen.

Die Empfehlungen für das Zuhören

- Der Augenkontakt ist während unser Gesprächspartner spricht herzustellen.

- Wenn wir dem beipflichten können was der andere sagt, dann sollten wir ab und zu mit dem Kopf nicken. Wenn wir eine andere Auffassung haben, halten wir den Kopf immer gerade.

- Um langatmige Ausführungen unseres Gesprächspartners zu verkürzen empfiehlt es sich, ein Feedback einzuflechten (z. B. „Ich versehe Ihre Auffassung ...").

- Das Gesagte sollten wir einen Augenblick wirken lassen, bevor von uns eine Rückmeldung erfolgt.

Eine spezielle Zuhörtechnik, verbunden mit der Fragetechnik, wird als nächstes vorgestellt.

6.2.1 Die geeignete Rückmeldung geben

Die Technik, auf die jetzt eingegangen wird, ist in der Rhetorik unter dem Begriff Paraphrasieren bekannt. Sie gehört in den Bereich des aktiven Zuhörens. Aktives Zuhören bedeutet in diesem Zusammenhang, dass der Gesprächspartner auf das von ihm Gesagte immer eine verbale Rückmeldung bekommt.

Wir setzen diese Technik folgendermaßen ein: Gibt uns der Verkäufer Informationen, die nach unserer Einschätzung das Gespräch weiterbringen, also für eine Einigung nützlich sind, so wiederholen wir in etwa seine Aussage in Frageform und warten seine Bestätigung, sein „ja" ab. Durch diese Methode wird unser Gesprächspartner positiv beeinflusst. Durch diese Art der Rückmeldung fühlt sich der Verkäufer aufgewertet und ernst genommen, er wird uns gegenüber positiv eingestimmt.

Neben dem Effekt, dass ein gewisser Gleichklang zwischen den beiden Gesprächspartnern hergestellt wird, lässt sich darüber hinaus noch zusätzlich kontrollieren, ob das Gesagte auch richtig verstanden wurde.

Beispiel:

Verkäufer: „Ich rechne schnell mal alles durch und sehe was ich am Preis noch machen kann."

Einkäufer: „Das ist gut. Sie sehen (oder prüfen) also ob Sie am Preis noch was machen können?"

Verkäufer: „Ja, ich versuche es."

Anmerkung:

Wichtig ist, dass die Frage ehrlich und nicht herausfordernd oder sogar mit polemischem Unterton gestellt wird. Der Wortlaut des Verkäufers ist nicht immer wortwörtlich zu wiederholen. Es kann auch mal ein anderes Wort z. B prüfen (siehe Beispiel) eingefügt werden.

Die Einschränkung

Es dürfen jedoch keine Formulierungen gewählt werden, die eine Einigung noch erschweren oder gewissermaßen in eine Sackgasse führen.

Negatives Beispiel:

Verkäufer: „Weiter kann ich Ihnen bei bestem Willen nicht mehr entgegenkommen."

Einkäufer: „Sie meinen also wirklich, dass ein weiteres Entgegenkommen nicht mehr möglich ist?"

Verkäufer: „Ja, so ist es."

Durch das Verhalten des Einkäufers wird die Aussichtslosigkeit noch verstärkt.

Übung:

Verkäufer: „Ab einer Abnahme von 1.000 Stück be-
               kommen Sie den günstigen Stückpreis von
               350,-- €."

Einkäufer: (= meine Antwort)

_____

_____

_____

_____

Verkäufer: „Ja, das stimmt."

Einkäufer: (= meine Antwort)

_____

_____

_____

Hilfestellung: Der Einkäufer gibt ein Preisgebot über
                320,-- € ab.

Lösungsvorschlag siehe Anhang S. 177 f.

6.3 Die Argumentation

Argumentieren heißt, einen Beweis führen. Genauer gesagt, geht es um eine schlüssige Beweiskette, mit der unser Gesprächspartner überzeugt werden kann.

Diese Beweiskette besteht aus mehreren Gesprächsgliedern, die der Reihenfolge nach vorzutragen sind. Erfolgt eine spontane Unterbrechung durch den Gesprächspartner, so ist kurz eine Pause zu machen, der Einwurf zu ignorieren und mit der Argumentation gleich danach fortzufahren.

Das zu empfehlende Grundmuster sieht folgendermaßen aus:

1. Die Auffassung mitteilen bzw. die Situation schildern
2. Die Auffassung bzw. die Situation erläutern
3. Den Beweis führen bzw. den Tatbestand schildern
4. Die Folgerung daraus ziehen
5. Die Bedingung bzw. die Forderung stellen

Abb. 10: Das Grundmuster der Argumentation

Eine solche Beweiskette ist nur sehr schwer aus dem Stegreif zu formulieren. So etwas sollte vorbereitet sein. Es gibt jedoch durchaus Profis, die aufgrund der Übung, gewissermaßen aus dem Stand heraus, eine schlüssige Beweiskette zu Wege bringen.

Auf unser Preisgespräch bezogen kann eine Argumentation folgendermaßen aussehen:

Beispiel:

1. „Der günstigste Anbieter bekommt den Zuschlag."

2. „Es ist doch wohl einsichtig, dass nicht mehr bezahlt wird, als notwendig ist."

3. „Der günstigste Anbieter liegt gut 10 % unter Ihrem Preis."

4. „Sie müssen doch selbst einsehen, dass Ihr Angebot noch nicht den akzeptierbaren Preis beinhaltet."

5. „Wenn Sie den Auftrag haben wollen, erwarte ich einen Nachlass von mindestens 15 %."

Übungen

Zur Erleichterung wird der erste Satz, der Einstiegssatz, vorgegeben.

1. Übung:

Thema: Die Marktsituation verlangt niedrigere Einkaufs-
preise.

1. „Unter der Marktsituation haben wir das Produkt neu
    anfragen müssen."

2. _____
    _____
    _____
    _____

3. _____
    _____
    _____
    _____

4. _____
    _____
    _____
    _____

5. _____

_____

_____

_____

Hilfestellung: Das Angebot liegt 6 % zu hoch. Unser
Preisgebot lautet 3.500,-- €.

2. Übung:

Thema: Ein Mitbewerber liefert zum günstigeren Preis.

1.   „Ich muss zu den günstigsten Konditionen kaufen."

2. _____

_____

_____

_____

3. _____

_____

_____

_____

4. _____

_____

5. _____

_____

_____

_____

Hilfestellung: Ein Mitbewerber verlangt 2.000.-- €. Unser
Preisgebot lautet 1.900,-- €.

Lösungsvorschläge siehe Anhang S.178 f.

6.4 Die Bedeutung herausstellen

Eine Information, die wir besonders herausstellen möchten, ist dramaturgisch einzuleiten, damit die Bedeutung
dem Zuhörer auch richtig klar wird.

Beispiele für die Einleitung

- „Ganz besonders von Bedeutung ist ...."
- „Was jedoch das Wichtigste ist ...."
- „Das wichtigste ist jetzt ...."
- „Es ist mit Sicherheit interessant für Sie ...."

Eine solche Formulierung schafft Aufmerksamkeit und signalisiert dem Verkäufer, dass der darauf folgende Teil besonders wichtig ist.

Anwendungsbeispiele:

- „Ganz besonders von Bedeutung ist, dass wir uns jetzt auf den richtigen Preis einigen."
- „Was jedoch das Wichtigste ist, ist dass wir bei dem Gesamtpreis unter 4.000,-- € bleiben."
- „Das Wichtigste ist jetzt im Moment, dass wir zu einem vernünftigen Preis kommen."
- „Es ist mit Sicherheit interessant für Sie, dass noch ein weiterer Lieferant im Gespräch ist."

6.5 Das Wenn-dann-Formulierungsschema im Preisgespräch

Das Wenn-dann-Formulierungsschema ist sehr leicht anzuwenden. Sinngemäß enthält der zu formulierende Satz für unsere Zwecke die folgende Botschaft:

> „Wenn Sie mir entgegenkommen, dann biete ich Ihnen im Gegenzug noch einen zusätzlichen Vorteil."

Als Voraussetzung für unser Handeln muss unser Gesprächspartner zunächst eine Bedingung erfüllen. Diese Bedingung wird unmissverständlich und kompromisslos vorgetragen. Der zu formulierende Satz beginnt immer mit dem Wort: „wenn".

Danach kann, muss aber nicht unbedingt, ein provokativer Satz und/oder eine geschlossene Frage erfolgen, um die Zustimmung noch zusätzlich herauszufordern.

Beispiel:

- „Wenn Sie den Preis für die gesamte Menge auf 5.500,-- € reduzieren, dann können Sie schon nächste Woche mit einem Folgeauftrag rechnen. Überlegen Sie sich das bitte gut (kurze Pause). Müssen Sie da noch lange überlegen?"

Erläuterung:

Wenn-dann-Formulierung: „Wenn Sie den Preis für die gesamte Menge auf 5.500,-- €

reduzieren, dann können Sie schon nächste Woche mit einem Folgeauftrag rechnen.

Provokativer Satz: Überlegen Sie sich das bitte gut.

Geschlossene Frage: Müssen Sie da noch lange überlegen?"

Übung:

Vervollständigen Sie bitte den folgenden Satz:

„Wenn Sie überhaupt kein Entgegenkommen zeigen, dann _____

Hilfestellung: Die Auftragserteilung ist zu verweigern.

Lösungsvorschlag siehe Anhang S. 179

6.6 Die Wendetechnik

Durch diese Technik wird der direkte Widerspruch vermieden und mit einer überzeugenden Aussage, zu dem eigenen Standpunkt hingeführt.

Der Verkäufer ist anderer Meinung.

Der Meinung des Verkäufers ist beizupflichten.

Durch ein Wende-Wort wird dann zur eigenen
Meinung übergeleitet.
Als Wende-Wort kommt in Frage:
„... jedoch ...", „... doch ..." oder „... nur ..."

Die eigene Meinung wird anschließend geäußert und
gegebenenfalls begründet.

Abb. 11: Die Anwendung der Wendetechnik

Es wird zunächst auf den Verkäufer eingegangen und
dann zur eigenen Auffassung gewendet.

Beispiel:

Verkäufer: „Das ist wirklich ein Superpreis."

↓

Einkäufer: „Das glaube ich Ihnen gerne ...

↓

... jedoch ...

↓

... mehr als 250,-- € ist nicht machbar."

Bitte geben Sie dem Verkäufer eine Antwort unter Anwendung der Wendetechnik:

Übung:

Verkäufer: „Ein Unternehmen braucht Gewinne. Ohne diese Gewinne kann es nicht existieren. Darum muss es auch in Ihrem Interesse sein, dass wir uns auf einen entsprechenden Preis einigen."

Einkäufer: (Meine Antwort)

_____

_____

_____

Hilfestellung: Es muss marktgerecht angeboten werden.

Lösungsvorschlag siehe Anhang S. 180

6.7 Die Technik des provokativen Schweigens

Wir setzen diese Technik in kritischen Fällen ein. Die Technik des provokativen Schweigens ist immer dann von Bedeutung, wenn wir von unserem Verkäufer eine Zustimmung bekommen wollen, die er nach unserer Einschätzung nicht so ohne weiteres geben will.

Das Ablaufschema:

1. Es ist zunächst auszuprobieren, ob der Verkäufer den Augenkontakt gut halten kann.

2. Wenn das der Fall ist, wird mit den Augen ein Punkt Zwischen den Augenbrauen des Gesprächspartners

fixiert. Unser Gesichtsausdruck sollte dabei nicht zu ernst oder zu hart wirken.

3. Während des Augenkontakts werden nun zwei Sätze geäußert und danach sofort geschwiegen, um eine Antwort, die sich möglichst weit an unserer Interessenslage orientieren soll, zu provozieren. Die beiden Sätze müssen die folgende Machart aufweisen:

Methode:

**Behauptung oder + Suggestivfrage + „oder"
Forderung**

Beispiele:

- „Das ist ein guter Vorschlag. Das sehen Sie doch auch so, oder?"
- „Ich brauch den Stückpreis von 200,-- €. Wir können uns doch auf 200,-- € einigen, oder?"

4. Es wird von uns erst wieder dann etwas gesagt, wenn der Gesprächspartner geantwortet hat.

Anmerkung:

In der Praxis dauert der Augenkontakt, bei dem wir nicht sprechen und damit die Antwort provozieren, nur einige Sekunden. Es ist vollkommen klar, dass die Verhaltensweise nicht über einen längeren Zeitraum durchgehalten werden kann.

6.8 Die Einwandbehandlung

Die Einwandbehandlung erfolgt in drei Stufen:

---

1. Stufe

- Wir wiederholen sinngemäß den Einwand des Verkäufers und stellen danach eine Kontrollfrage.
- Wir zeigen damit die Bereitschaft, auf sein Problem einzugehen.
- Wichtig ist, dass die Wiederholung nicht polemisch oder sogar abwertend klingt.

Beispiele:

Einkäufer: „Sie meinen also, dass ... . Ist das richtig?"

„Sie befürchten ... . Ist das so?"

„Sie vertreten also die Auffassung ... . Habe ich das so richtig verstanden?"

„Sie sehen nicht ein, dass ... . Stimmt das?"

„Sie glauben also, dass... . Habe ich das so richtig aufgefasst?"

Wir warten die Bestätigung des Verkäufers ab.

Beispiele:

Verkäufer: „Ja, das stimmt."

„Ja, davon gehe ich aus."

„Ja, das meine ich."

2. Stufe

- Wir beginnen mit unseren Ausführungen.
- Es ist darauf zu achten, dass die Antwort ehrlich und überzeugend klingt.
- Die Ausführungen sollten, wenn möglich mit einer Beschwichtigung eingeleitet werden.

Beispiele:

Einkäufer: „Da kann ich Sie beruhigen, weil ...."

„Ich kann Ihre Verwunderung gut verstehen, nur ..."

„Da müssen Sie sich jetzt keine Sorgen machen, weil ...."

„Ihre Bedenken treffen bestimmt nicht zu, weil ..."

„Ihr Einwand ist berechtigt, doch ..."

3. Stufe

* Mit einer Kontrollfrage ist zu prüfen, ob der Einwand beseitigt wurde.

Beispiele:

Einkäufer: „Sind Sie damit einverstanden?"

„Ist das für Sie die Lösung?"

„Ist das so für Sie akzeptierbar?"

Abb. 12: Das Grundmuster der Einwandbehandlung

Übung:

Einwand des   „Ihre Firma nagt nicht gerade am Hunger-
Verkäufers: tuch und Sie wollen den Preis so stark
drücken."

1. Stufe

* Einwand sinngemäß wiederholen und eine Kontrollfrage stellen.

Einkäufer: _____

_____

_____

Verkäufer: „Ja, so ist es."

2. Stufe

• Es folgen die Ausführungen des Einkäufers.

Einkäufer: _____

_____

_____

_____

Hilfestellung: Es wird günstig eingekauft, damit die Produkte zu wettbewerbsfähigen Preisen angeboten werden können.

3. Stufe

• Mit einer Kontrollfrage ist zu prüfen, ob der Einwand beseitigt wurde.

Einkäufer: _____

Lösungsvorschlag siehe Anhang S. 180 ff.

7. Die unterschiedlichen Situationen im Preis-gespräch erfolgreich meistern

Der Ablauf einer Preisverhandlung kann wohl kaum genau vorausgesehen werden. Wir wissen nie, was uns alles erwartet. Deshalb ist es wichtig, für möglichst viele Gesprächssituationen gewappnet zu sein. Aus diesem Grund werden einige der wichtigen Situationen in der Preisverhandlung beschrieben und die dafür geeigneten Lösungswege aufgezeigt.

7.1 Die Frage nach dem Preis

7.1.1 Die konkrete Preisfrage

Die Frage nach dem Preis ist ganz einfach zu stellen.

Beispiele:
- „Was verlangen Sie für ....?"
- „Zu welchem Preis können Sie liefern?"
- „Was kostet das?"
- „Wie teuer kommt das?"
- „Welchen Preis bieten Sie mir?"

Die offene Fragetechnik kommt zur Anwendung. Die hierfür geeignete Frage ist auf präzise Informationen ausgerichtet und hat deshalb einen nicht öffnenden Gesprächscharakter.

Falls die Bedenken bestehen, dass die Frage nach dem Preis zu hart wirkt oder das „mit der Türe ins Haus fallen" vermieden werden soll, kann sie gegebenenfalls mit einem Satz eingeleitet werden.

Beispiele:

- „Das ist alles eine Preisfrage."
- „Es ist nun mal alles eine Preisfrage."
- „Es kommt alles auf den Preis an."
- „Das ist alles eine Frage der Konditionen."

Die Frage nach dem Preis könnte dann, wie in den folgenden Beispielen ausgeführt wird, lauten:

Beispiele:

- „Das ist alles eine Preisfrage. Was verlangen Sie für ....?"

- „Es kommt alles auf den Preis an. Was kostet das?"

7.1.2 Mit der Preisfrage die Verkaufsargumentation des Verkäufers unterbrechen

Durch die Erläuterungen des Verkäufers kann sehr viel über die angebotenen Produkte in Erfahrung gebracht werden. Er kennt sich ja aus und weil er verkaufen will, ist er bereit alle Fragen zu beantworten. Eine bessere Möglichkeit um sich über Produkte zu informieren gibt es nicht. In einem solchen Fall hören wir uns den Verkäufer an und stellen unsere Fragen.

Anders sieht es aber aus, wenn wir durch seine gut trainierten Ausführungen mit mehr oder weniger Nachdruck zum Kaufen bewegt werden sollen. Wichtig ist es jetzt, den Gesprächsfluss des Verkäufers zu beenden, bevor uns das Produkt zu schmackhaft gemacht wird.

Ein wichtiger Grundsatz lautet nämlich:

> **Wenn das Produktbewusstsein hoch ist, ist das Preisbewusstsein niedrig.**

und umgekehrt:

> **Das Preisbewusstsein ist hoch, wenn das Produktbewusstsein niedrig ist.**

So mancher Verkäufer kann durch seine geschickte Vorgehensweise von dem Produkt so überzeugen, dass wir innerlich zu uns sagen: „Das ist es!". Wenn wir unbedingt etwas haben wollen, dann wird naturgemäß der Preis nicht ganz so kritisch betrachtet.

Die schönste Verkaufsargumentation kann allerdings durch die „Preisfrage" regelrecht zerstört werden. Deshalb empfiehlt es sich, sobald der Verkäufer sein Gespräch auf Produkteigenschaften und Produktvorteile lenkt, die wir kennen oder die für uns uninteressant sind, mit der Frage nach den Konditionen zu unterbrechen.

Wir gehen folgendermaßen vor:

Methode: Thematisches Unterbrechen[1] + Preisfrage

Beispiele:

- „Herr Mainrath, jetzt muss ich Sie mal unterbrechen. Wie teuer kommt die Anschaffung?"
- „Herr Fuchs, bevor Sie weiterreden habe ich eine Frage. In welchem Preisspektrum bewegen wir uns hier?"
- Herr Schmalenbach, das Gespräch bringt uns so nicht weiter. Zu welchen Konditionen liefern Sie?"
- Frau Maul, verzeihen Sie, wenn ich unterbreche. Was kostet das alles überhaupt?"

---

[1] Thematisches Unterbrechen bedeutet: Es wird, im Gegensatz zu dem „ins Wort fallen", die Unterbrechung mit einer höflichen Formulierung eingeleitet.

7.2 Der Moment der Preisnennung

Der entscheidende Augenblick ist gekommen, der Verkäufer nennt seinen Preis.

Folgende Verhaltensweisen sind nun für den Einkäufer empfehlenswert:

- Der Gesichtsausdruck sollte eher gleichgültig sein.
- Der Augenkontakt kann gehalten aber auch ganz vermieden werden.
- Es sollte nicht sofort die Antwort erfolgen. Ratsam ist es, einige Augenblicke stillschweigend zu verbringen. Diese Verzögerungstaktik erhöht die Spannung des Gesprächspartners.
- Dann kann mit ruhiger Stimme der Kommentar zum Preisangebot abgegeben werden.

7.3 Der Einstieg in die Preisverhandlung

7.3.1 „Zu teuer." Ein häufig benutzter Ausdruck

Der Verkäufer hat die „Katze aus dem Sack" gelassen, er hat den Preis genannt. Spontan wird von der Einkaufsseite geäußert: „zu teuer". Die Worte „zu teuer" erfreuen sich einer großen Beliebtheit und sind in so manchen Branchen nicht weg zu denken.

Diese Worte werden aber oftmals von Verkäufern als herausfordernd empfunden und mobilisieren seinen Widerspruchsgeist. Als Resultat dürfen wir uns häufig eine Vielzahl von Argumenten anhören, die der Preisverteidigung dienen.

7.3.2 Der sanfte Einstieg in die Preisverhandlung

Wir haben wieder die uns bekannte Situation: Der Verkäufer hat uns gerade den Preis genannt. Dieser Preis kann in der Höhe von uns auf keinen Fall akzeptiert werden.

Der Verkäufer soll der Auffassung zustimmen, dass an dem Preis noch etwas gemacht werden muss. Um das zu erreichen, setzen wir die Technik des provokativen Schweigens ein.

Beispiel:

o   Der Augenkontakt muss gehalten werden und dann ist erst zu sprechen.

- „An dem Preis müssen wir noch etwas tun. Das sehen Sie doch sicher auch ein, oder?"

Falls die Wir-Form nicht so gefällt, kann auch gesagt werden:

- „An dem Preis muss natürlich noch etwas getan werden. Das sehen Sie doch sicher auch ein, oder?"

Methode:
Behauptung oder + Suggestivfrage + „oder"
Forderung

o Der Augenkontakt ist immer noch zu halten und es darf solange nicht gesprochen werden, bis der Verkäufer geantwortet hat.

Dies ist eigentlich eine Technik die zum Ja-Sagen zwingt. Dass ein Verkäufer in dem Moment nicht Ja-Sagen kann ist verständlich. Natürlich sieht er die Notwendigkeit für eine Preiskorrektur nach unten nicht ein. Die Preisreduzierung verstößt schließlich prinzipiell gegen seine Interessenlage. Das konsequente Nein-Sagen wird ihm jedoch durch diese Technik schwer gemacht.

Die Antwort eines Verkäufers lautet in den meisten Fällen sinngemäß: „Meinen Sie ..." oder „Viel ist nicht mehr möglich ...". Jedenfalls wird etwas geäußert, das uns nicht sehr weh tun soll und eine versteckte Kompromissbereitschaft beinhaltet. Selten kommt die selbstbewusste Aussage: „An dem Preis ist wirklich nichts mehr zu machen".

Wir haben nun einen guten Einstieg in die Preisverhandlung vollzogen.

7.4 Die Frage nach dem Preisnachlass

Als Reaktion auf die Preisnennung, muss von uns nicht unbedingt ein Kommentar über die zu hohe Forderung erfolgen. Es kann selbstverständlich auch sofort die Frage nach dem Preisnachlass gestellt werden.

7.4.1 So nicht: Die unvorteilhaften Formulierungen in der Preisverhandlung

Schlechte Beispiele:

- „Können Sie am Preis noch etwas machen?"
- „Wäre eine Preisreduzierung noch möglich?"
- „Könnten Sie sich den Preis noch einmal überlegen?"

Die Kritik:

Es wird die Möglichkeitsform angewendet. Mit einer Formulierung, die eine Möglichkeitsform beinhaltet, kann kaum ein Ziel durchgesetzt werden. Die Verneinung der Frage wird dem Verkäufer sehr leicht gemacht.

Weitere schlechte Beispiele:

- „Welchen Spielraum haben Sie noch?"
- „Was lässt sich da noch machen?"
- „Ist da noch Luft drin?"

Die Kritik:

Mit einer solchen Formulierung wird das eigene Schicksal in die Hände des Verkäufers gelegt. Antworten wie „Leider habe ich keinen Spielraum mehr" oder „Leider lässt sich am Preis nichts mehr machen" werden durch solche Fragen regelrecht hervorgerufen.

7.4.2 Die Konfrontationsmethode

Der Einsatz der Konfrontationsmethode bedeutet, dass in Form eines Überraschungseffekts nach der Preisreduzierung gefragt wird.

Es wird keine Bitte geäußert, sondern mit einer Selbstverständlichkeit davon ausgegangen, dass an dem Preis noch was zu machen ist. Bei dieser Methode setzen wir wieder die Technik der offenen Frage ein. Diese offene aber nicht öffnende Frage muss kurz und herausfordernd sein.

Hilfreich ist noch ein fordernder Gesichtsausdruck. Die Verkäufer fühlen sich häufig durch diese direkte Art „überrumpelt" und wollen oftmals mit Ihrer Antwort den Gesprächspartner auch nicht oder nicht zu sehr enttäuschen.

Beispiele:

- „Was bekomme ich an Rabatt?"
- „Und wie hoch ist der Nettopreis?"
- „Welchen Rabatt bekomme ich?"
- „Mit wie viel Nachlass kann ich rechnen?"
- „Was springt jetzt noch an Prozenten raus?"
- „Wie viel Rabatt bieten Sie mir an?"

Diese Methode lässt sich auch noch in einer resoluteren Form anwenden. In die Frage wird noch eine konkrete Forderung eingebaut.

Beispiele:

- „Was spricht gegen einen Nachlass von 5 %?"
- „Was ist gegen einen Rabatt von 10 % einzuwenden?"

Um den Widerspruchsgeist des Gesprächspartners noch zusätzlich einzudämmen, können wir dieser offenen Frage eine Ergänzung hinzufügen. Als Ergänzung sprechen wir die von uns gewünschte Antwort selbst aus.

Beispiel:

- „Was spricht gegen einen Nachlass von 5 %? Sicherlich nichts."
- „Was ist gegen einen Rabatt von 10 % einzuwenden? Eigentlich nichts."

Methode:

Konfrontationsfrage + gewünschte Antwort (offene Frage)

Eine weitere Möglichkeit besteht darin, eine Forderung auszusprechen.

Beispiel:

- „Ich brauche unbedingt einen Rabatt von 10 %."
- „Sie müssen mir unbedingt einen Rabatt von 5 % einräumen."

Eine solche dreiste Forderung mobilisiert den Widerspruchsgeist der Verkäufer. Das Resultat kann eine von negativen Emotionen geprägte Preisverhandlung sein.

Um einen heftigen Widerspruch zu erschweren und um das Gespräch in konstruktive Bahnen zu lenken, muss nach der Forderung unmittelbar eine Suggestivfrage erfolgen.

Methode: Rabattforderung + Suggestivfrage

Beispiele:

- „Ich brauche unbedingt einen Rabatt von 10 %. Das ist doch sicher machbar?"
- „Sie müssen mir unbedingt einen Rabatt von 5 % einräumen. Das ist doch sicher möglich?"

Nach einer Rabattforderung werden die meisten Verkäufer sofort Stellung beziehen. Viele, die damit nicht einverstanden sind, reden aber um den „heißen Brei" herum. Sie heben beispielsweise die Produktvorteile hervor, machen jedoch keinen konkreten Gegenvorschlag. Jetzt muss eine Aufforderung zum Handeln erfolgen.

Beispiele:

- „Was bieten Sie mir dann ersatzweise an?"
- „Was schlagen Sie dann vor?"
- „Worauf können wir uns dann einigen?"

7.4.3 Die Schmunzeltaktik

Bei der Taktik stellt der gute Kontakt zu dem Verkäufer die Bedingung für das Gelingen dar.

Beispiele:

- Wir lächeln ein klein wenig und stellen fordernd eine Suggestivfrage:
    - „Ich bekomme doch das für 40,-- €?"
    - „Ich bekomme doch darauf 10 % Rabatt?"
    - „Ich bekomme doch 6 Stück zum Preis von 5 Stück?"

Die Frage kann auch noch zur Verstärkung durch das Wort „... oder?" aber auch durch die beiden Worte „... nicht wahr?" ergänzt werden.

Wichtig ist, dass wir von uns reden: „Ich bekomme doch ...?" und nicht etwa von unserer Firma: „Meine Firma bekommt doch ...?". Diese Taktik funktioniert nur personifiziert.

Bei der Schmunzeltaktik machen wir uns den Sachverhalt zu nutzen, dass einer Person, die eine freundliche oder sogar freudige Erwartungshaltung hat, kaum etwas abgeschlagen werden kann.

7.5 Die Reaktionen auf den Preis des Verkäufers, die ihn zum Einlenken bewegen können

7.5.1 Den Preis bzw. das Angebot in Frage stellen

Beispiel:

- „Wieso meinen Sie, dass Ihr Preis für uns ein angemessener Preis ist?"
- „Was soll ich nur von Ihrem Angebot halten?"

oder

- „Was soll ich nur von Ihrem Angebotspreis halten?"

Es wird eine offene Frage (Konfrontationsfrage) gestellt. Sie löst bei dem Gesprächspartner mit Sicherheit einen Rechtfertigungszwang aus. Der Verkäufer wird jetzt seinen Angebotspreis verteidigen. Eine solche Frage sollte besonders bei sehr von sich überzeugten Gesprächspartnern gestellt werden, um deren dominante Position im Preisgespräch zu brechen.

7.5.2 Die Notwendigkeit der Preisreduzierung deutlich machen

Es wird das Wenn-dann-Formulierungsschema angewendet.

Beispiele:

- „Wenn wir beim Preis keine Lösung finden, dann kann Ihnen der Auftrag nicht erteilt werden."
- „Wenn Sie kein Entgegenkommen zeigen, dann kommen wir nicht ins Geschäft."
- „Wenn Sie den Auftrag haben wollen, dann müssen Sie mindestens 10 % Rabatt gewähren."
- „Wenn Sie das Geschäft abschließen wollen, dann müssen Sie am Preis noch was tun."
- „Wenn Sie sich so wenig kompromissbereit zeigen, dann wird aus dem Auftrag nichts."
- „Wenn Sie nicht zu einem vernünftigen Preis anbieten, dann können wir Sie nicht als neuen Lieferanten akzeptieren."

Dem Verkäufer wird, ohne jegliche Diskussion, unmissverständlich klar gemacht, dass die Auftragsvergabe an sein Entgegenkommen geknüpft ist.

7.5.3 Die Auftragserteilung in Frage stellen

Es wird dem Verkäufer mit einem Satz deutlich gemacht, dass bei dem Angebotspreis kein Geschäftsabschluss zu Stande kommt.

Methode:

Satzeinleitung	+	Auftragserteilung
„Bei dem Preis ....“		in Frage stellen

Beispiele:
- „Bei dem Preis muss ich mir alles noch einmal (gründlich) überlegen.“
- „Bei dem Preis kann der Auftrag nicht erteilt werden.“

7.5.4 Dem Verkäufer den „schwarzen Peter" in die Schuhe schieben

Um Bewegung in die Preisverhandlung zu bekommen, geben wir dem Verkäufer die Schuld, falls es zu keiner Einigung kommt.

Beispiele:

- „Es liegt an Ihnen, genauer gesagt an Ihrem Preis, ob Sie den Auftrag bekommen."
- „Ihr Preis ist entscheidend dafür, ob Sie den Auftrag bekommen oder nicht."
- „Es ist im Endeffekt Ihre Entscheidung, ob Sie den Auftrag erhalten."

7.5.5 Den Mitbewerber „ins Spiel" bringen

Um den Preis zu drücken machen wir unserem Verkäufer klar, dass seine Firma nicht der einzige Anbieter auf der Erde ist.

Methode:

Satzeinleitung + auf Mitbewerber
„Bei dem Preis ...." aufmerksam machen

Beispiele:

- „Bei dem Preis zwingen Sie mich geradezu, nach einem anderen Lieferanten Ausschau zu halten."

- „Bei dem Preis treiben Sie mich regelrecht zu einem Ihrer Mitbewerber."

- „Bei dem Preis bin ich gezwungen ein weiteres Angebot einholen."

Das Wenn-dann-Formulierungsschema lässt sich hier auch anwenden.

Beispiel:

- „Wenn das so ist, dann muss ich mindestens noch ein Vergleichsangebot einholen."

Bei solchen Äußerungen kann es schon mal vorkommen, dass der Verkäufer total verärgert reagiert und trotzig folgende Worte sinngemäß von sich gibt: „Dann suchen Sie sich eben einen anderen Lieferanten". Diese Reaktion kann vor allem dann vorkommen, wenn der Verkäufer aus seiner Sicht ein besonders günstiges Angebot gemacht hat oder davon überzeugt ist, dass er einen Vergleich mit dem Wettbewerb nicht scheuen muss.

7.5.6 Die Empörung über die Höhe des Preises deutlich machen

Preisverhandlungen sollten sicherlich nicht zu emotional geführt werden, weil es schwierig wird und oftmals nicht mehr gelingt, auf eine sachliche Ebene zurückzufinden. Die sachliche Gesprächsebene kann als eine Voraussetzung für einen erfolgreichen Geschäftsabschluss angesehen werden. In sofern ist zu überlegen, ob folgende Ausdrucksweisen in der Verhandlung angebracht sind.

Beispiele:

- „Das ist kein Preis, das ist schon eine Unverschämtheit."
- „Dass Sie es überhaupt wagen, einen so überzogenen Preis zu verlangen."

Eine etwas lockere Formulierung:

- „Bei dem Preis zieht es mir glatt die Schuhe aus."

Eine etwas abgeschwächte Form:

- „Dieser Preis kann doch wirklich nicht Ihr Ernst sein."

7.6 Die Begründung für die Verkäuferfrage: „Warum wollen Sie denn unbedingt einen Preisnachlass?"

Der Verkäufer fragt also:
„Warum wollen Sie denn unbedingt einen Preisnachlass?"

Die Argumente des Einkäufers für einen Preisnachlass können sein:

- „Angebot und Nachfrage bestimmen den Preis. Es gibt genug Anbieter, die zu günstigen Konditionen liefern."
- „Die internen Einkaufsgrundsätze müssen befolgt werden."
- „Wer günstig einkauft, kann auch günstig produzieren und zu wettbewerbsfähigen Preisen anbieten."
- „Die Aufgabe eines Einkäufers kann es nicht sein teuer einzukaufen."

7. 7 Der Verkäufer fragt nach unseren Preis-vorstellungen. Was machen wir nun?

Folgende Situation ist jetzt gegeben: Wir sind mitten im Preisgespräch und treten auf der Stelle. Im Moment gibt es also kein Weiterkommen.

Plötzlich stellt unser Verkäufer eine Frage die folgender-maßen lauten könnte:

„Was ist denn für Sie der richtige Preis?"

oder

„Herr Wurm, welchen Preis stellen Sie sich denn vor?"

Oft empfinden wird eine solche Frage als eine Überra-schung, die bei uns eine gewisse Sprachlosigkeit auslöst. Im Normalfall fragt ja schließlich der Einkäufer den Ver-käufer nach der Preisvorstellung.

Wir können jetzt dem Verkäufer unsere Preisvorstellung mitteilen, müssen aber davon ausgehen, dass er sie sofort als „unmöglich" ablehnt.

Diese Ablehnung erfolgt nicht selten mit einem gewissen Lächeln:

„Nein, zu den Preisvorstellungen kann ein solch hochwertiges Produkt nicht angeboten werden. Das ist unmöglich."

Das Phänomen liegt darin begründet, dass durch das Stellen der offenen Frage, der Verkäufer im Gespräch nun dominiert und sich auf der „Siegerstraße" befindet. Eine Ablehnung eines Gegenvorschlags fällt ihm jetzt leicht.

Wir sind nun in der unglücklichen Lage, dass wir unsere Preisvorstellungen rechtfertigen sollen. Üblicherweise steht die Aufgabe der Preisrechtfertigung jedoch dem Verkäufer zu.

Selbstverständlich können wir jetzt das Gespräch ohne Ergebnis abbrechen. Es besteht jedoch auch die Möglichkeit, auf die Verkäuferfrage anders zu reagieren. Die richtige Verhaltensweise ist das Stellen einer offenen Gegenfrage. Wir wenden also die Gegenfragetechnik an.

Beispiele:

- „Herr Schmalenbach, welcher Preis ist für Sie das Äußerste?"

- „Frau Krause, wie viel Rabatt können Sie im besten Fall gewähren?"
- „Herr Mautner, wie weit können Sie mit dem Preis runter gehen?"

Jetzt muss der Verkäufer reagieren und einen Preis bzw. einen Rabatt nennen.

7.8 Der Verkäufer rechtfertigt seinen Preis. Wie gehen wir jetzt vor?

Der Verkäufer hebt die Vorteile seines Produkts, seiner Dienstleistung besonders hervor, damit die Höhe des Preises als gerechtfertigt angesehen wird. Empfehlenswert ist es nun, die Argumentation freundlich zu unterbrechen, um auf den begrenzten finanziellen Spielraum aufmerksam zu machen. Wir bedienen uns der Wendetechnik.

Beispiele:
- „Herr Hufeisen, das glaube ich Ihnen alles gerne, nur der von Ihnen genannte Preis sprengt meinen finanziellen Rahmen."

- „Frau Schimmel, ich bin doch von Ihrem Produkt überzeugt, nur den Preis den Sie verlangen, kann und will ich nicht zahlen."

7.9 Die Preissenkungsforderung

7.9.1 Die Preissenkungsforderung ohne Angabe des Zielpreises

Wir gehen jetzt von der Situation aus, dass uns die Preisuntergrenze und damit der realistische Preis nicht bekannt ist. Das kann durchaus vorkommen, wenn es sich um Produkte handelt, die nur selten nachgefragt werden. Es fehlt also ein Vergleichsmaßstab, eine Messlatte an der wir den Preis orientieren können.

Immer, wenn wir die Preisuntergrenze nicht kennen, muss unser Bestreben sein, den Preis soweit wie möglich nach unten zu drücken. Wir probieren aus, was möglich ist, auf was sich der Verkäufer einlässt und urteilen dann, ob wir sein Angebot akzeptieren oder nicht.

In die Preisverhandlung steigen wir ein, indem wir generell die Unzufriedenheit über den Preis zum Ausdruck bringen und gleichzeitig, oft sogar indirekt, eine Preisreduzierung fordern.

Beispiele:

- „Bei dem Preis kommen wir noch nicht zusammen."
- „Ihr Preis ist noch nicht akzeptierbar."
- „Ihr Preis ist noch nicht wettbewerbsfähig."
- „Das ist noch nicht der marktgerechte Preis."
- „Das ist noch nicht der Superpreis, den ich brauche."
- „Das ist noch nicht der Preis, den ich von Ihnen erwarte."

Wir greifen uns ein Beispiel heraus und betrachten es näher:

1. „Das ist **noch nicht** der Preis, den ich von Ihnen erwarte."

Der Ausdruck „noch nicht" suggeriert:

„Wir sind bei den Preisvorstellungen nicht meilenweit auseinander. Eine Einigungsmöglichkeit besteht ohne weiteres."

Alle angeführten Beispiele suggerieren den Einigungswillen. Eine solche Vorgehensweise ist auch für unseren Zweck empfehlenswert.

Theoretisch gesehen, kann jedoch der Graben zwischen Einkäufer und Verkäufer noch tiefer gezogen werden. Es ist im Einzelfall zu überlegen, ob solche Formulierungen auch wirklich zum gewünschten Ergebnis führen.

Verändern wir das Beispiel ein klein wenig:

2. „Das ist **nicht** der Preis, den ich von Ihnen erwarte."

Diese Formulierung lässt die Einigungsmöglichkeit vollkommen offen.

Betrachten wir noch eine weitere Variante:

3. „Das ist **keineswegs** oder **keinesfalls** der Preis den ich von Ihnen erwarte."

Diese Formulierung mit dem Wort „keineswegs" oder „keinesfalls" drückt nun aus:

„Wir sind mit unseren Preisvorstellungen sehr weit auseinander. Es ist durchaus fraglich, ob es überhaupt zu einer Einigung kommen kann."

Für unsere Preissenkungsforderung ohne Angabe des Zielpreises lässt sich auch gut die Technik „Die geeignete Rückmeldung geben" anwenden.

Beispiel:

Verkäufer: „Die gesamte Anlage kann ich Ihnen zum Komplettpreis von nur 47.400,-- € anbieten.

Einkäufer: „Die gesamte Anlage kostet also 47.400,-- €.

Verkäufer: „Ja, das stimmt."

Einkäufer: „Das ist noch nicht der Preis, auf den wir uns einigen können."

Mit einer weiteren Möglichkeit können wir die Preissenkungsforderung deutlich machen. Diese Möglichkeit besteht darin, unseren Verkäufer unmissverständlich zu sagen, dass er eine Preiskorrektur vorzunehmen hat.

Beispiele:

- „Bitte unterbreiten Sie mir ein finanziell attraktiveres Angebot."
- „Das geht so nicht. Bitte senken Sie noch den Preis."
- „Nennen Sie mir bitte einen Preis, bei dem ich nicht nein sagen kann."
- „Bitte überarbeiten Sie Ihren Angebotspreis."
- „Bitte korrigieren Sie den Preis nach unten."
- „Machen Sie mir bitte einen Angebotspreis, der sich sehen lassen kann."
- „Der Preis ist noch zu hoch. Machen Sie mir bitte ein vernünftiges Angebot."

Wenn-dann-Formulierung:

- „Wenn Sie den Auftrag haben wollen, dann müssen Sie am Preis noch etwas tun."

7.9.2 Die Preissenkungsforderung mit Angabe des Zielpreises

Es wird nun vorausgesetzt, dass wir (genau) wissen, welchen Preis wir bereit sind zu zahlen. Die Preissenkungsforderung erfolgt mit zwei Sätzen. Mit dem einen Satz wird deutlich gemacht, dass nicht die Absicht besteht den Angebotspreis des Verkäufers zu bezahlen. Im anderen Satz wird der Preis bzw. der Rabatt genannt bei dem das Geschäft doch noch zu Stande kommen kann.

Methode:

Ablehnung + Preisgebot des Einkäufers

Beispiele:

- „Nun, Herr Bayer, so sehe ich keine Chance für Sie den Auftrag zu bekommen. Anders sieht es allerdings aus, wenn Sie 5 % Rabatt gewähren."

- „Herr Veit, ich habe ein weitaus günstigeres Angebot vorliegen. Wenn Sie mir allerdings den Preis von 500.-- € geben, bekommen Sie den Auftrag."

- „Frau Meister, so bekommen Sie den Auftrag nicht. Es sei denn, Sie gewähren einen Rabatt von 10 %."

- „Herr Unterhuber, mit dem Preis den Sie mir soeben genannt haben, kommen Sie nicht zum Zug. Anders sieht es natürlich aus, wenn Sie einen Stückpreis von 45,-- € anbieten."

- „Frau Wilke, zu dem Preis kann ich Ihnen den Auftrag auf keinen Fall erteilen. Für 700,-- € können wir jedoch das Geschäft miteinander machen."

- „Herr Specht, Ihr Preis ist viel zu hoch, er liegt etwa 10 % über den von uns definierten Zieleinkaufspreis. Wenn Sie einen Nachlass von 15 % akzeptieren, sind Sie unser zukünftiger Lieferant."

- „Frau Cramm, ich halte Ihre Preisvorstellungen für überzogen. Allerdings zu einem Preis von 900,-- € können wir ins Geschäft kommen."

- „Herr Klarwein, aufgrund Ihres Angebots sehe ich keine Möglichkeit für die Zusammenarbeit. Anders sieht es jedoch für Sie aus, wenn Sie einen Rabatt von 5 % gewähren."

- „Frau Pichler, einer Ihrer Mitbewerber hat ein Angebot von 2.500,-- € unterbreitet. Wenn Sie mit 2.400,-- € einverstanden sind, kann ich Ihnen den Auftrag erteilen."
- „Frau Grainer, Ihr Preis liegt noch über dem Vergabegrenzwert (Wert aus der Kalkulation). Mit 5.000,-- € sind Sie allerdings im Geschäft."

7.9.3 Die Preisbehauptung

Der Ausdruck Preisbehauptung bedeutet, dass von der Auffassung nur einen bestimmten Betrag zu zahlen, unter keinen Umständen abgewichen wird. In einem solchen Fall geben wir resolut unsere Preisvorstellung bekannt. Als Belohnung für das Akzeptieren des genannten Preises, zeigen wir uns bereit, die Bestellung bzw. den Auftrag sofort auszuhändigen. Es kann selbstverständlich auch etwas anderes in Aussicht gestellt werden, dass einen kleinen zusätzlichen Anreiz darstellt.

Methode:

Preisbehauptung + zusätzlicher Anreiz

Beispiele:

- „Herr Schmitz, ich zahle Ihnen 3.000,-- €. Sagen Sie ja und Sie können den Auftrag sofort mitnehmen."

- „Frau Richter, ich biete Ihnen 6.200,-- € an. Geben Sie mir diesen Preis und Sie erhalten sofort die Bestellung."

- „Herr Klein, ich gebe Ihnen 5.000,-- €. Stimmen Sie zu und Sie bekommen den Auftrag sofort ausgehändigt."

In die Formulierung der Preisbehauptung lässt sich auch gut das Wenn-dann-Formulierungsschema einbauen.

Methode:

Preisbehauptung + Wenn-dann-Formulierungs-schema + provokativer Satz

Beispiel

- „Ich brauche den Preis von 7.000,-- €. Wenn Sie mir den Preis von 7.000,-- € geben, dann können Sie den Auftrag gleich mitnehmen. Überlegen Sie sich das bitte gut."

7.9.4 Die Zustimmung des Verkäufers durch stetiges Wiederholen erreichen

Diese Methode funktioniert nach dem Motto: „Steter Tropfen höhlt den Stein".

Ausgangslage: Der Verkäufer hat seinen Angebotspreis abgegeben. Wir haben daraufhin ein Gegenangebot unterbreitet. Der Verkäufer will sich jedoch auf diesen Preis nicht einlassen und argumentiert, um seinen Preis zu rechtfertigen.

Lösungsvorschlag: Auf die Argumente des Verkäufers ist nicht einzugehen. Wir wiederholen stattdessen, im gleichgültigen Ton, von Zeit zu Zeit den Preis, den wir bereit sind zu zahlen. Dabei verändern wir unsere Aussage jedes Mal ein klein wenig. Widerstände können gebrochen werden, indem immer wieder inhaltlich die gleiche „Botschaft" geäußert wird.

Beispiel:

Dem Verkäufer wurde als Reaktion auf seinen Angebotspreis, das selbstverständlich niedriger liegende Gegenangebot von 5.000,-- € gemacht. Der Verkäufer ist damit
nicht einverstanden und beginnt mit seiner Preisargumentation.

Der Redefluss des Verkäufers wird unterbrochen durch
die Worte:

- „Noch haben Sie die Chance mein Angebot über
  5.000,-- € anzunehmen."

Der Verkäufer lässt sich nicht darauf ein und erzählt weiter. Nach kurzer Zeit kommt die Äußerung:

- „Sie haben die Chance bei 5.000,-- € einzuwilli-
  gen. Für mich ist das die absolute Schmerz-
  grenze."

Wenn der Verkäufer immer noch versucht seinen Preis
zu rechtfertigen, erfolgt wieder ein ähnlicher Satz:

- „Noch haben Sie die Chance mein Angebot über 5.000,-- € anzunehmen. Überlegen Sie es sich bitte noch einmal gut."

Von Zeit zu Zeit können noch weitere ähnliche Bemerkungen erfolgen.

7.9.5 Die Problemargumentation des Einkäufers

Der Verkäufer nennt seinen Preis. Aus unserer Sicht ist dieser Preis noch nicht annehmbar. Es wird nun versucht den Verkäufer in unsere Problemsicht, in die Problemsicht des Einkäufers mit einzubeziehen. Er wird somit indirekt aufgefordert unsere Handlungsweise zu verstehen. Den Lösungsweg zeigen wir auf und bitten danach um sein Einverständnis.

Methode:

Anrede + Problembeschreibung + Lösung aufzeigen

+ Einverständnis einholen

Beispiel:

- „Herr Bühler, jetzt haben wir das Problem, dass aufgrund der Kalkulation im höchsten Falle ein Stückpreis von 50,-- € möglich ist und Ihr Angebotspreis um 3,-- € darüber liegt. Ich sehe nur die Möglichkeit, dass Sie mir den Stückpreis von 50,-- € geben. Können wir uns darauf einigen?"

7.9.6 Den Preisvorteil des überdimensionierten Angebots nutzen

Eine Situation, die ab und zu vorkommen kann: Der Verkäufer bietet uns wesentlich mehr Ware an, als wir benötigen, diese aber zu einem sehr günstigen Komplettpreis. Das Angebot kann sich also auf eine zu große Menge aber auch auf zusätzliche Komponenten beziehen, die im Moment nicht zur Anschaffung anstehen. Den gebotenen Preisvorteil hätten wir natürlich gerne, jedoch nur für die Dinge, die wir brauchen.

Es ist nun wichtig dem Verkäufer klar zu machen, dass wir diesen Preisvorteil für das geringere Auftragsvolumen benötigen. Mit einem bereitwilligen Entgegenkommen ist allerdings von ihm nicht zu rechnen. Selbst wenn wir den gewünschten Preis nicht bekommen, kann er als Ausgangspunkt für die weitere Verhandlung genutzt werden.

Methode:

Preisangebot positiv verstärken + Das-brauche-ich-Verhalten zeigen + Bezugsbasis ändern + Abwehr vorbeugen

Beispiel:

Um unsere Forderung einzuleiten, wird als erstes eine geschlossene Frage (Feststellungsfrage) gestellt.

Einkäufer: „Sie würden also auf alles 25 % Rabatt gewähren?"

Verkäufer: „Ja, so ist es."

Einkäufer: „Das ist ein toller Preis. Ich brauche diesen Preis unbedingt, jedoch für 500 Einheiten. Sagen Sie bitte nicht: Das geht nicht."

Wir stellen eine Forderung und bringen dann zum Ausdruck: „Enttäuschen Sie mich bitte nicht."

Der Verkäufer wird zunächst an seinem kompletten Angebot festhalten. Um den Blick auf das zu richten was wir wollen, muss dieses Angebot unmissverständlich abgelehnt werden.

Beispiele:

- „Die angebotene Menge kann nicht untergebracht werden."
- „Die gesamte Anlage steht nicht zum Kauf an."

Gleich danach wird wieder zum Thema übergeleitet.

Beispiele:

- „Das was ich von Ihnen brauche, ist ..."
- „Das worüber wir uns unterhalten können, sind .."

Fatal ist die Situation, wenn der Verkäufer ständig wieder anfängt und sein Komplettangebot favorisieren will, während wir das Gespräch auf unseren Bedarf ausrichten wollen. Ein solches hin und her bringt überhaupt nichts. Notfalls muss unmissverständlich gesagt werden: „Ihr Angebot steht in dem Umfang nicht zur Diskussion". Ein Schlussstrich ist also zu ziehen, danach ist der Verkäufer wieder eindeutig auf unsere Interessenslage zu fixieren.

7.10 Die Grenze der Preiszugeständnisse des Verkäufers durchbrechen

Viele Verkäufer signalisieren unmissverständlich im Gespräch, dass an dem Preis nicht mehr zu „rütteln" ist und sie deshalb auch nicht bereit sind (weitere) Preiszugeständnisse zu machen.

Wir können die Aussage des Verkäufers akzeptieren und uns mit dem Preis einverstanden erklären. Wir können aber ebenso noch den Versuch wagen, das Preisgespräch zu unseren Gunsten weiterzuführen.

Wichtig ist, dass wir jetzt keine totale Konfrontation mit unserem Verkäufer riskieren. Denn es besteht durchaus die Gefahr, dass durch Aussage und Gegenaussage das Gesprächsklima sich immer mehr verschärft und eine Einigung somit erschwert wird.

Es kann sich dann vereinfacht dargestellt die folgende Gesprächsstruktur ergeben:

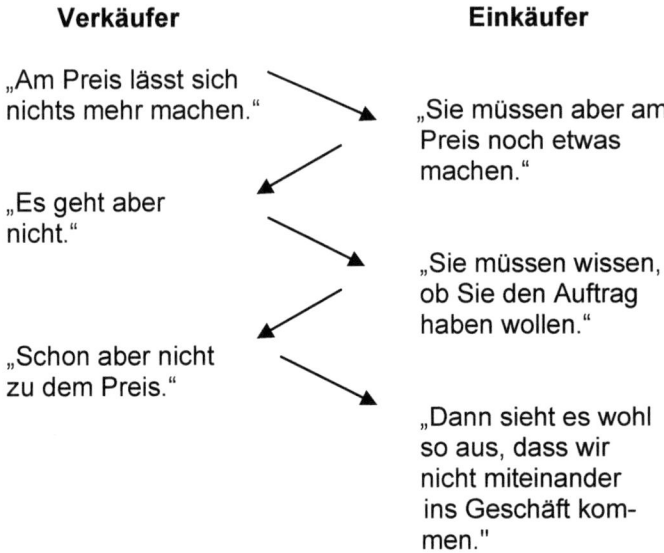

Verkäufer	Einkäufer

„Am Preis lässt sich nichts mehr machen."

„Sie müssen aber am Preis noch etwas machen."

„Es geht aber nicht."

„Sie müssen wissen, ob Sie den Auftrag haben wollen."

„Schon aber nicht zu dem Preis."

„Dann sieht es wohl so aus, dass wir nicht miteinander ins Geschäft kommen."

Abb. 13: Der Angriff und die Abwehr im Preisgespräch

Welches Spiel wird gespielt?

Das Pingpong-Spiel. Dies bedeutet, dass sinnbildlich gesprochen, der Ball immer hin und her gespielt wird. Der Einkäufer fordert und der Verkäufer verteidigt. Das kann soweit gehen, bis eine Aussichtslosigkeit des Gesprächs deutlich wird.

Beispiele:

Auf die folgenden typischen Aussagen der Verkäufer werden jeweils mehrere passende Antworten zur Auswahl geben. Ein persönlicher Angriff nach dem Motto „Sie müssen ..." wird vermieden.

1. Gesprächsausschnitt

Verkäufer: „Herr Schwertner, wir haben nur Netto-Preise. Der Betrag von 2.175,-- € ist der Netto-Preis."

Einkäufer:

- „Machen wir eine runde Sache daraus, runden wir auf 2000,-- € ab."
- „Eine 1 muss schon davor stehen."
- „Dann räumen Sie uns einen Staffelrabatt ein."
- „Das ist die erste Nettopreisliste von der ich höre. Entweder Sie geben 3 % Skonto oder ein Zahlungsziel von 60 Tagen."
- „Obwohl Sie nur Netto-Preise habe, liegen Sie 2 % über den marktüblichen Preis."

2. Gesprächsausschnitt

Verkäufer: „Frau Saalfeld, unsere Preise sind sowieso knallhart kalkuliert."

Einkäufer:

- „Bitte bringen Sie Ihre Kalkulation auf einen wettbewerbsfähigen Stand. Danach reden wir noch einmal darüber."
- „Was den Preis angeht sind unsere Kunden auch knallhart. An dem Preis müssen Sie noch etwas tun, um ins Geschäft zu kommen."
- „Prüfen Sie bitte noch einmal genau, 2 % müssen noch möglich sein."
- „Sie liegen aber trotzdem noch 200,-- € über den realisierbaren Preis."
- „Dann sollte Ihr Preis doppelt knallen. Ich biete Ihnen 500,-- €."

3. Gesprächsausschnitt

Verkäufer: „Herr Winter, wenn ich mit dem Preis noch weiter runter gehe, komme ich in den Selbstkostenbereich."

Einkäufer:

- „Bitte nennen Sie die Abnahmemenge, mit der wir auf den Preis kommen."
- „Welche Vorteile können Sie zusätzlich bieten?"
- „Aber, Sie haben doch mit Sicherheit noch ein Einsparungspotential."
- „Beim nächsten Auftrag können Sie dann schon mehr verdienen."
- „Das ist aber schade. Dann muss ich mich leider nach einem Alternativlieferanten umsehen."

4. Gesprächsausschnitt

Verkäufer: „Frau Schramm, mehr Nachlass geht wirklich nicht."

Einkäufer:

- „Ein Mitbewerber bietet 5 % mehr Rabatt, das können Sie auch bieten."
- „Es ist Ihnen sicherlich möglich einen Projektrabatt zu gewähren. Darüber sollten wir jetzt reden."

- „Dann verhandeln wir das Zahlungsziel oder Sie liefern frei Haus."
- „Dann kommen wir leider nicht miteinander ins Geschäft."
- „Geben Sie sich doch einen Ruck, 2 % sind bestimmt noch möglich."

5. Gesprächsausschnitt

Verkäufer: „Herr Berthold, wollen Sie, dass ich mit meinem Vorgesetzten Ärger bekomme?"

Einkäufer:

- „Schieben Sie doch einfach alles auf mich."
- „Sollten wir nicht lieber den Preis zu dritt besprechen?"
- „Sicherlich nicht. Soll ich mit ihm reden?"
- „Bestimmt nicht, aber was wird Ihr Vorgesetzter sagen, wenn der Auftrag nicht zustande kommt?"

Im Nachfolgenden werden noch einmal die Aussagen der Verkäufer angeführt, die verdeutlichen sollen, dass keine weitere Bereitschaft zur Preisreduzierung besteht.

Diesmal erfolgt die Beantwortung mit der Wendetechnik. Um die Antwort abzurunden, wird in den Beispielen zusätzlich noch ein Preisgebot genannt.

Beispiele:

1. Gesprächsausschnitt

Verkäufer: „Herr Schwertner, wir haben nur Netto-Preise. Der Betrag von 2.175,-- € ist der Netto-Preis."

Einkäufer: „Das glaube ich Ihnen gerne, nur ist Ihr Preis immer noch zu hoch. 2.000,-- € biete ich Ihnen an."

2. Gesprächsausschnitt

Verkäufer: „Frau Saalfeld, unsere Preise sind sowieso knallhart kalkuliert."

Einkäufer: „Das mag ja sein, jedoch brauche ich von Ihnen einen noch knallharter kalkulierten Preis. Mein Angebot: 1.500,-- €."

3. Gesprächsausschnitt

Verkäufer: „Herr Winter, wenn ich mit dem Preis noch weiter runter gehe, komme ich in den Selbstkostenbereich."

Einkäufer: „Das ist natürlich schlimm, jedoch kommen wir bei dem Preis noch nicht zusammen. Meine Vorstellungen sind 3.100,-- €."

4. Gesprächsausschnitt

Verkäufer: „Frau Schramm, mehr Nachlass geht wirklich nicht."

Einkäufer: „Ich kann Sie schon verstehen, jedoch Ihr Angebotspreis ist noch etwas zu hoch. Mit 480,-- € bin ich einverstanden."

5. Gesprächsausschnitt

Verkäufer: „Herr Berthold, wollen Sie, dass ich mit meinem Vorgesetzten Ärger bekomme?"

Einkäufer: „Natürlich will ich das nicht, nur sehe ich die geschäftlichen Aspekte und da liegt Ihr Angebotspreis noch nicht im Bereich des Machbaren. Machbar sind 9.200,-- €."

7.11 Den günstigen Angebotspreis noch reduzieren

7.11.1 Der-Preis-ist-immer-noch-zu-hoch-Methode

Angenommen der Verkäufer kommt uns mit seinem Preis entgegen und macht ein, auch aus unserer Sicht, sehr günstiges Angebot, welches wir aber trotzdem noch nicht annehmen können oder wollen. Wir gehen in diesem Fall davon aus, dass wir den Verkäufer, der in dem bisherigen Verlauf der Preisverhandlung seinen guten Willen gezeigt hat, durch eine harte Widerspruchsmethode nicht verärgern wollen.

Lösung:

Wir teilen dem Verkäufer mit, dass sein Angebotspreis noch nicht realisierbar ist und bitten ihn, mit uns das Preisproblem zu lösen. Statt eine Gegnerschaft entstehen zu lassen, wird eine Zusammenarbeit angestrebt.

Methode:

Aussichtslosigkeit + Frage: „Was machen wir nun?"

    äußern   **oder**

                      „Was machen wir jetzt?"

Beispiele:

- „Der Preis sprengt immer noch meinen finanziellen Rahmen. Was machen wir jetzt?"
- „Den Preis kann ich trotzdem noch nicht zahlen. Was machen wir nun?"
- „An mein Preislimit kommen wir immer noch nicht heran. Was machen wir jetzt?"

Es kann sein, das der Verkäufer noch ein weiteres, wenn auch nur geringfügiges Preiszugeständnis macht. Andererseits ist es aber auch gut möglich, dass wir ihm im Gegenzug für eine weitere Preisreduzierung einen kleinen Vorteil bieten. So könnten wir beispielsweise die Bestellmenge erhöhen.

7.11.2 Der superlativen Ausdrucksweise des Verkäufers entgegenwirken

Nehmen wir einmal an, der Verkäufer versucht sein Angebot für uns interessant erscheinen zu lassen, indem er den Preis durch eine Superlative in seiner Ausdrucksweise hervorhebt. Eine solche Formulierung könnte beispielsweise lauten: „Das ist ein erstklassiger Preis". Sofern wir den durchaus günstigen Preis so nicht akzeptieren wollen, empfiehlt sich eine spezielle Vorgehensweise. Der superlativen Ausdrucksweise wird eine Steigerung entgegengesetzt. Sinngemäß sagen wir: „Der Preis, den ich von Ihnen brauche, muss trotzdem noch eine Klasse günstiger sein". Danach kann gleich die konkrete Preisvorstellung genannt werden.

Methode:

1. **Steigerung der superlativen Ausdrucksweise + konkrete Preisvorstellung**
   oder noch herausfordernder

Methode:

2. Abwertung durch Steigerung der superlativen Ausdrucksweise + konkrete Preisvorstellung

1. Beispiel:

Verkäufer: „Das ist ein **tolles** Angebot."

Einkäufer: „Ich brauche aber von Ihnen das **tollste** Angebot. Das liegt bei 15,-- € das Stück."

oder

Verkäufer: „Das ist ein **tolles** Angebot."

Einkäufer: „Das ist noch nicht das **tollste** Angebot. Das liegt bei 15,-- € das Stück."

2. Beispiel:

Verkäufer: „Das ist wirklich ein **Super**preis."

Einkäufer: „Ich brauche aber von Ihnen den **besten** Preis und der liegt bei 110,-- €."

oder

Verkäufer: „Das ist wirklich ein **Super**preis."

Einkäufer: „Das ist noch nicht der **beste** Preis. Der liegt bei 110,-- €."

7.12 Der Verkäufer lehnt unser Preisgebot ab. Wie ist nun darauf zu reagieren?

Wir nennen den für uns in Frage kommenden Preis. Der Verkäufer ist damit nicht einverstanden.

Die unterschiedlichen Arten der Verkäuferreaktion und die dafür anzuratenden Verhaltensweisen für den Einkäufer

Der Verkäufer reagiert besonnen (rational).

Der Verkäufer reagiert emotional.

Der Verkäufer äußert sich sachlich und gibt beispielsweise folgende Äußerungen von sich:

- „Der Preis ist nicht machbar."
- „Da kann ich nicht mithalten."
- „Da bin ich aus dem Geschäft draußen."

Der Verkäufer verzieht abweisend oder sogar abwertend sein Gesicht und macht Bemerkungen mit ironischen, spöttischen oder aggressiven Unterton.

Solche Bemerkungen könnten vom Tenor her beispielsweise lauten:

- „Dann könnten wir ja gleich alles verschenken."
- „Ich glaub ich höre nicht richtig."
- „Der billige Jakob sind wir selbstverständlich nicht."

Kommentar: **Es wird eine konkrete** **Information geäußert,** **die eine Grundlage für** **das weitere Vorgehen** **im Preisgespräch bildet.**	**Kommentar:** **Bei emotionalen Äuße-** **rungen kann das Preis-** **gespräch nicht ohne** **weiteres fortgeführt** **werden, denn die Gefahr** **einer Auseinanderset-** **zung ist gegeben.**

Empfehlung für den
Einkäufer:
 	
• „Was ist für Sie gera-
  de noch machbar?"
• „Was ist für Sie das
  Äußerste?"
• „Wie weit können Sie
  mitgehen?"
• „Wo könnten wir uns
  Ihrer Meinung nach
  einigen?"
	Empfehlungen für den
	Einkäufer:
	
	Die Ruhe bewahren, zu-
	nächst nichts darauf sa-
	gen.
	
	Entweder den Augen-
	kontakt halten oder total
	vermeiden.
	
	Auf keinen Fall in einer
	solchen Situation über

den Preis argumentieren. Das Gespräch wird sonst möglicherweise sehr unsachlich.

Sobald die ersten Emotionen verflogen sind, kann beispielsweise folgendes geäußert werden:

- „Dann werden wir uns wohl nicht einigen, oder sehen Sie das anders?"
- „Dann werden wir uns höchstwahrscheinlich nicht einigen, oder sehen Sie noch eine Möglichkeit?"

Kommentar:
Das ist für den Verkäufer der Weg aus der Sackgasse. Es kann weiter verhandelt werden.

Ein übertriebener hoher Preis ist jetzt nicht zu erwarten. Der Verkäufer will ja den Auftrag haben.

Er wird jetzt aller Voraussicht nach einen Preis nennen, der für seine Firma gerade noch vertretbar ist und dem wir nach seiner Einschätzung vielleicht auch noch zustimmen können.

Kommentar:
Die Äußerung des Einkäufers ist für den Verkäufer die Chance zu einem sachlichen Gespräch zurückzufinden und weiter zu verhandeln.

Da die negativen Emotionen auf jeden Fall noch unterschwellig vorhanden sind und mit einem erneuten Wutausbruch zu rechnen ist, muss nun behutsam vorgegangen werden.

Falsch wäre es, den Verkäufer zu beschwichtigen oder sich sogar bei ihm

Zu dem Angebot kann nun ja oder nein gesagt werden.	zu entschuldigen. Auf keinen Fall darf eine Rechtfertigungskette bei uns ausgelöst werden.

Wir stellen nun grundsätzliche Fragen, die sich auf die Zusammenarbeit beziehen.

Empfehlungen für den Einkäufer:

- „Wie machen wir jetzt weiter?"
- „Was machen wir jetzt?"
- „Wie können wir uns doch noch einigen?"

Kommentar:

Meistens erleben wir körpersprachliche Signale, die etwa ausdrücken: „Weiß ich nicht". Es kann aber auch ein belangloser Kommentar abgegeben werden.

Nun können die ergebnisorientierten Fragen erfolgen.

Empfehlung für den Einkäufer:

- "Was ist für Sie gerade noch machbar?"
- "Was ist für Sie das Äußerste?"
- "Wie weit können Sie

mitgehen?“

- "Wo könnten wir uns
Ihrer Meinung nach
einigen?“

Kommentar:
Es wird jetzt vom Ver-
käufer ein Preis ge-
nannt, der das äußerste
Preiszugeständnis dar-
stellt und deshalb kaum
mehr verhandlungsfä-
hig ist. Wir können nun
zusagen oder ablehnen.

Abb.14: Die rationale und die emotionale
Verkäuferreaktion und das geeignete Verhalten
des   Einkäufers

146

7.13 Im Moment ist keine Einigung in Sicht

7.13.1 Das Preisgespräch ist festgefahren. Wie kann jetzt noch der Lösungsweg eingeschlagen werden?

Es kann durchaus mal sein, dass wir in unserem Preisgespräch nicht weiterkommen. Der Verkäufer lehnt unsere Preisvorstellungen immer nur ab oder der Gesprächsverlauf besteht lediglich aus einer Vielzahl von Argumenten und Gegenargumenten. Ein gegenseitiger Schlagabtausch führt selten zum Ziel. Wir beenden nun das uneffektive Gespräch und wagen einen Neuanfang. Wichtig ist nun, dass nicht mehr die jeweiligen Standpunkte vorgetragen werden, sondern dass an einer gemeinsamen Lösung gearbeitet wird.

1. Die bisherige Preisverhandlung ist mit einem Kommentar zu beenden.

Beispiele:

- „So bringt uns das Gespräch nicht weiter."
  oder etwas resoluter:

- „Mit dieser Art des Gesprächs hören wir jetzt aber sofort auf."

2. Es erfolgt von uns, in einem sachlichen Ton, eine Zusammenfassung des bisherigen Gesprächs. Einer Unterbrechung durch den Verkäufer ist entgegenzuwirken.

3. Mit einem Appell läuten wir eine neue Phase ein.

Beispiel:

- „Herr Weinrich, eine Einigung muss doch möglich sein. Jetzt strengen wir uns beide noch einmal an!"

4. Danach wird eine lösungsorientierte Frage gestellt.

Beispiele:

- „Wie können wir nun zu einer Lösung kommen?"
- „Wie kommen wir jetzt weiter?"
- „Wie können wir uns nun einigen?"
- „Wie können wir gemeinsam aufeinander zugehen?"

- „Was können wir machen, um doch noch zu einer Einigung zu kommen?"

Wenn der Verkäufer aus seinem „Fahrwasser" nicht herauskommt, also die bisherige Gesprächsorientierung beibehält, kann es schon vorkommen, dass mehrere dieser lösungsorientierten Fragen notwendig sind.

Eine solche lösungsorientierte Frage stellt die (erneute) „Zusammenarbeit" in den Mittelpunkt.

Wichtig ist, dass wir mit unserem Preisgespräch nicht in eine aussichtslose Situation geraten, aus der wir nicht mehr herauskommen. Wir müssen deshalb immer eine Weiterführung im Gespräch haben, die ein konstruktives Verhandeln möglich macht.

7.13.2 Die Konfliktbewältigung im Preisgespräch

1. Gesprächssituation beschreiben

Beispiele:
- „Wir scheinen heute keine Lösung zu finden."

- „So kommen wir einfach nicht weiter."

2. Vorschlag machen

Beispiel:
- „Ich schlage vor, Sie besprechen das Angebot noch einmal mit Ihrem Vorgesetzten."

3. Erneuter Anlauf wagen

Beispiel:
- „Es wäre gut, wir würden uns in zwei Tagen noch einmal treffen. Ist das ein Vorschlag?"

7.14 Die Bedenken des Verkäufers

Neben dem Bestreben einen guten Preis zu erzielen, bewegt so manchen Verkäufer die folgende Thematik:

„Was wird in der Zukunft sein? Wird der günstige Preis wohl möglich bei der nächsten Verhandlung über ein vergleichbares Kontingent noch einmal nach unten gedrückt?"

Um angemessen auf solche Bedenken des Verkäufers zu reagieren, empfiehlt es sich die Technik der Einwandbehandlung anzuwenden.

Beispiel:

Einwand des

Verkäufers: „Gutmütig wie ich bin, lasse ich mich von Ihnen breitschlagen und gewähre Ihrer Firma 5 % Nachlass. Im nächsten Gespräch versuchen Sie sicher wieder, diesen schon ermäßigten Betrag noch einmal zu drücken."

1. Stufe

- Wiederholung des Einwands

Einkäufer: „Sie meinen also, dass ich im nächsten Preisgespräche Ihre Gutmütigkeit ausnutzen werde. Ist das so?"

Verkäufer: „Ja, das meine ich."

2. Stufe

- Es folgen die Ausführungen des Einkäufers.

Einkäufer: „Sicherlich sind Preise von Zeit zu Zeit neu zu verhandeln. Ich werde aber wohl kaum unsere (jahrelange) Geschäftsbeziehung leichtfertig aufs Spiel setzen."

3. Stufe

- Mit einer Kontrollfrage prüfen, ob der Einwand beseitigt wurde.

Einkäufer: „Ist das für Sie so akzeptabel?"

Es wird in diesem Beispiel dem Verkäufer signalisiert, dass Preisverhandlungen zwar immer notwendig sind, aber kein Interesse besteht, ihn wie eine Zitrone vollkommen auszupressen.

7.15 Die Einigung

Die Einigung kann auf zwei Arten vollzogen werden. Zum einen besteht die Möglichkeit, dass der Verkäufer unser Preisgebot akzeptiert und zum anderen können wir seinem Vorschlag zustimmen. Egal wie die Einigung zu Stande kommt, Hauptsache wir einigen uns.

7.15.1 Der Verkäufer akzeptiert meinen Preis. Was mache ich nun?

1. Die Zustimmung des Verkäufers ist mit positiven Worten zu verstärken.

Beispiele:
„gut", „schön", „prima"

2. Der Einkäufer darf nicht den Triumph des Siegers zeigen.

3. Der Einkäufer sollte auf keinen Fall, nach dem er einen guten Preis durchgesetzt hat und das Preisgespräch nun beendet ist, die Notwendigkeit der Preisreduzierung gewissermaßen als Rechtfertigung noch

einmal aufs Neue ansprechen. Es besteht die Gefahr, dass die Preisargumentation noch einmal von vorne beginnt.

7.15.2 Der Verkäufer ist uns entgegengekommen, wir akzeptieren seinen Preis

Es wurde ein Preis erzielt mit dem wir als Einkäufer leben können. Die Zustimmung sollte in einer sachlichen Art und Weise gegeben werden.

Beispiele:

- „In Ordnung. Einigen wir uns auf diesen Preis."
- „Bei dem Preis können wir das Geschäft abschließen."
- „Bei dem Preis können wir ins Geschäft kommen."
- „Damit bin ich einverstanden."
- „Auf den Preis können wir uns einigen."
- „Dann können wir das Geschäft besiegeln."

Wir können aber auch zum Ausdruck bringen, dass die Höhe des Preises um eine „Haaresbreite" noch akzeptierbar ist.

Beispiele:

- „Damit bin ich gerade noch einverstanden."
- „Auf den Preis können wir uns gerade noch einigen."
- „Ein Superpreis ist es nicht, aber machen wir mal das Geschäft."

Es kann auch eine Bestätigung in Frageform geäußert werden.

Beispiele:

- „Dann sind wir uns also einig?"
- „Damit sind wir also beide einverstanden?"

7.16 Die Preiserhöhung eines Lieferanten abwehren

Unser Lieferant will eine Preiserhöhung durchsetzen, die auf keinen Fall zu akzeptieren ist. Gehen wir davon aus, dass weitere Lieferanten, auf die notfalls zurückgegriffen werden kann, vorhanden sind.

Es kann zunächst die Frage gestellt werden: „Was können wir machen, um auf den alten Preis zu kommen?".

Wenn der Verkäufer in unserem Sinne nicht darauf eingeht, werden wir resoluter.

Methode:

Den alten Preis + **Konsequenz verdeutlichen**
fordern **(Wenn-dann-Formulierungsschema)**

Beispiele:

- „Sie müssen mir den bisherigen Preis (noch ein Jahr) weiterhin geben. Wenn das nicht möglich ist, dann können keine weiteren Aufträge erteilt werden."

- „Ich brauche den alten Preis, der war gerade noch vertretbar. Wenn Sie aber unbedingt die Preise erhöhen wollen, dann muss ich sagen: Auch diese Serie hat offenbar ihr Ende gefunden."

- „Sie räumen mir bitte noch den bisherigen Preis (für die nächsten sechs Monate) ein. Wenn das nicht gehen sollte, dann steht die weitere Auftragserteilung in den Sternen."

- „Nennen Sie mir bitte die Absatzmengen, mit der wir noch auf den alten Preis kommen. Wenn das nicht möglich ist, dann können wir nicht länger zusammenarbeiten."

8. Der telefonische Kontakt mit dem Verkäufer

Preisverhandlungen sind am Telefon oft weitaus schwieriger zu führen als bei einem Kontakt von Angesicht zu Angesicht. Der Grund hierfür, kann in einer gewissen persönlichen Distanz gesehen werden. Denn die Möglichkeit des Gesichtskontakts und der körpersprachlichen Beeinflussung ist nicht gegeben.

8.1 Die Empfehlungen für den Meldetext

8.1.1 Wir rufen an

1. **Beispiel:**

   Vorspann: „Mein Name ist …
   Personennamen: … Helga Kaufmann …
   Firmennamen: … von Bruckner Industrieanlagen."

Kommentar

- Der Vorspann ist wichtig, damit der nachfolgende Name richtig verstanden wird. Statt „Mein Name Ist ..." oder „Hier spricht ..." kann ersatzweise der Gesprächspartner bereits gegrüßt werden.

- Um das Persönliche hervorzuheben, ist nicht nur der Nachname, sondern auch zusätzlich der Vorname zu nennen.

- Die Reihenfolge, dass erst der Personenname und dann der Firmenname, genannt wird, stellt die Person des Anrufenden in den Vordergrund, macht ihn sogar wichtig.

2. **Beispiel:**

Begrüßung: (Vorspann)	„Guten Tag, ...
Anrede:	... Herr Heine, ...
Zwischen-formulierung:	... hier spricht ...
Personennamen:	... Hartmut Klein ...
Firmennamen:	... vom Natursteinwerk Bartel."

Kommentar

- Im 2. Beispiel wird der Meldetext um die Anrede
  und damit um den Namen des Gesprächspartners erweitert. Diese Ergänzung ist zwar nicht
  unbedingt notwendig, sie unterstreicht aber die
  persönliche Note.

8.1.2 Wir werden angerufen

1. Beispiel:

Wenn wir angerufen werden, empfiehlt es sich zuerst den
Firmennamen und dann den Personennamen zu nennen.

Begrüßung: (Vorspann)	„Guten Tag, …
Firmennamen:	… Falk Sicherheitstechnik, …
Zwischen- formulierung:	… Sie sprechen mit …
Personennamen:	… Melanie Däubler."

oder

2. Beispiel:

Begrüßung: (Vorspann)	„Guten Tag, …
Funktion bzw. Abteilung:	… Einkauf, …
Zwischen- formulierung:	… Sie sprechen mit …
Personennamen:	… Melanie Däubler."

oder

3. Beispiel

Begrüßung: (Vorspann)	„Guten Tag, …
Zwischen- formulierung:	… mein Name ist …
	oder ersatzweise
	… Sie sprechen mit …
Personennamen:	… Melanie Däubler."

Kommentar

- Das 1. Beispiel beinhaltet den Meldetext für den Fall, dass der Anrufer gleich zu uns gelangt.

- In den meisten Firmen ist eine Telefonvermittlung vorgeschaltet. Der Anrufer sollte jetzt nicht noch ein Mal den Firmennamen hören. Das 2. Beispiel beinhaltet den Meldetext, falls das Gespräch über die Vermittlung zu uns gekommen ist. In größeren Firmen sollte zusätzlich zu dem Personennamen auch die Funktion bzw. die Abteilung genannt werden.

- In kleineren Firmen, in denen es keine klassische Aufteilung nach Funktionen gibt, weil die Mitarbeiter sehr unterschiedliche Aufgaben wahrnehmen, melden wir uns dann in der Art und Weise, wie sie im 3. Beispiel beschrieben ist. Vorausgesetzt wird auch hier, dass das Gespräch über die Telefonvermittlung zustande gekommen ist.

8.2 Die grundsätzlichen Verhaltensweisen für den Einkäufer am Telefon

8.2.1 Gleich zur Sache kommen

Wenn wir anrufen, sollten wir gleich zu unserem Thema kommen.

Beispiele:

- „Guten Tag Frau Dörfler, Frau Dörfler es geht um folgendes ....“
- „Grüß Gott Herr Walb, Herr Walb ich benötige von Ihnen ...“

Mit einer solchen Formulierung steigen wir direkt in unser Gesprächsthema ein. Durch die zweifache Namensnennung wird unser Gesprächspartner mit Nachdruck persönlich angesprochen und auf Empfang gebracht. Er kann mit dieser Vorgehensweise beeinflusst werden, uns konzentrierter zuzuhören.

Gleich am Anfang unseres Telefongespräches sollten wir nach Möglichkeit nicht mit einem „Small Talk" nach dem

Motto: „Wie geht es Ihnen?" oder „Wie war der Urlaub?" beginnen. Ein solcher Gesprächseinstieg lenkt vom Thema ab und erschwert somit die Überleitung zu dem eigentlichen Grund des Anrufs. So mancher Gesprächspartner wird sich bei einem solchen Gesprächseinstieg insgeheim denken: „Um zu fragen wie es mir geht, wird er mich wohl kaum anrufen. Was will er denn eigentlich von mir?"

Später, wenn alle wichtigen Punkte besprochen sind, kann zum Abschluss noch eine Small-Talk-Einlage erfolgen. Einige nette persönliche Worte gestalten den Gesprächsausgang auf jeden Fall positiv.

8.2.2 Das Ansprechen mit dem Namen

Sprechen Sie während des Gesprächs Ihren Verkäufer immer dann mit Namen an, wenn Sie mit Ihrer „Botschaft" etwas ausrichten bzw. verlangen möchten oder etwas abwehren wollen. Der Name ist bei dieser Methode immer vor und niemals hinter dem Satz zu stellen.

Beispiele:

- „Frau Schwabe, ich brauche von Ihnen bis spätestens Morgen ein Angebot über ...."

- „Herr Kilian, ich weiß, dass Sie mir einen guten Preis machen werden."

- „Herr Wölfel, so etwas bin ich von Ihnen nicht gewöhnt."

- „Frau Bleicher, das geht so nicht."

Durch die Nennung des Namens, wird der Gesprächspartner in seinem Innersten persönlich angesprochen. Die darauf folgenden Informationen werden dadurch von ihm stärker registriert.

8.2.3 Die akustische Rückmeldung

Damit unser Gesprächspartner bei seinen Ausführungen nicht ins Stocken gerät, sollten wir ihm von Zeit zu Zeit eine akustische Rückmeldung geben. Während er in seinem Gesprächsfluss ist, lassen wir ihn also immer wieder spüren „Ich bin noch da".

Die Rückmeldung, die er von uns erhält, kann beispielsweise „mh", „ja" oder „interessant" lauten. Ohne diese

akustische Rückmeldung „verhungert" unser Gesprächspartner am Telefon. Die Folge wäre, dass er Probleme
mit der reibungslosen Satzformulierung bekommt und wir
öfters „äh, äh" von ihm hören.

8.2.4 Das Positive verstärken

Auch hier geht es darum unserem Gesprächspartner
eine Rückmeldung zu geben. Diese Rückmeldung ist
aber nicht neutral, sondern beinhaltet eine positive Wer-
tung. Solche Äußerungen können beispielsweise lauten:
„sehr gut", „das ist gut", „prima".

Diese Äußerungen sollten ehrlich gemeint sein und sind
immer dann angebracht, wenn unser Gesprächspartner
etwas mitteilt, das uns weiter bringt bzw. uns einen Vorteil bietet. Die Absicht, die wir damit verfolgen, geht über
die Freude, die wir zum Ausdruck bringen jedoch hinaus.
Vielmehr wollen wir noch zusätzlich erreichen, dass er im
Gespräch weiterhin positive Dinge von sich gibt. Das
Positive verstärken bedeutet, den Gesprächspartner zu
belohnen, damit noch weiterhin Positives von ihm erfolgt.

8.3 Die speziellen Methoden des telefonischen Preisgesprächs

Am Telefon ist keine Augenführung möglich. Große Preisdiskussionen können deshalb auch kaum erfolgreich durchgestanden werden. Wegen der persönlichen Distanz erhitzen sich schnell die Gemüter.

Das Preisgespräch am Telefon ist von uns kurz und bündig zu führen. Dem Verkäufer darf kein Anlass für eine ausschweifende Diskussion gegeben werden. Die Fragen, die wir stellen, müssen eindeutig zu beantworten sein. Somit sind nur begrenzt offene Fragen zu verwenden. Es kommen auch meistens nur solche offenen Fragen in Betracht, die „nicht öffnend" sind und deshalb auch nicht zu einer lang andauernden Unterhaltung anregen können. Offene Fragen, die das Gespräch „öffnen" führen sehr häufig zu einer heillosen Preisdiskussion.

8.3.1 Den Preis erfragen (Neuanfrage)

Die Frage nach dem Preis ist also präzise zu stellen.

Beispiel:

- „Herr Veit, ich brauche von Ihnen den Preis für
................."

Sofern der Preis nicht gleich vom Verkäufer genannt werden kann, sollten wir sofort die weitere, für uns günstigste Vorgehensweise nennen.

Beispiel:

Einkäufer: „Herr Faust, ich brauche von Ihnen den Preis für ...."

Verkäufer: „Den Preis kann ich ihnen nicht aus dem Stegreif sagen."

Einkäufer: „Herr Faust, senden Sie mir doch bitte in der nächsten Stunde ein E-Mail. Ich brauche den Preis so schnell wie möglich."

Verkäufer: „Kein Problem, das mache ich."

Selbst wenn der Gesprächspartner negativ reagiert und unseren Wunsch nicht sofort erfüllen möchte, haben wir einen Ansatzpunkt.

Beispiel:

Einkäufer: „Herr Faust, ich brauche von Ihnen den Preis für .... Senden Sie mir doch bitte in der nächsten Stunde ein E-Mail."

Verkäufer: „Das wird so schnell nicht möglich sein."

Einkäufer: „Herr Faust, bitte schauen Sie dass Sie es schaffen. Ich brauche den Preis wirklich dringend. Ich verlass mich auf Sie."

Schlechtes Beispiel:

Einkäufer. „Ich brauche den Preis für .... Können Sir mir in der nächsten Stunde ein E-Mail senden?"

Verkäufer: „Das kann ich Ihnen nicht versprechen, ich habe im Moment alle Hände voll zu tun."

Einkäufer: „Bis wann bekomme ich denn dann den Preis von Ihnen?"

Verkäufer: „Ich schaue, dass ich Ihnen den Preis bis Morgen im Laufe des Tages mitteilen kann."

Einkäufer: „Das ist mir aber zu spät."

Anmerkung:

So mancher liebe Leser wird jetzt sagen: „So ein Liefe-rant wäre die längste Zeit mein Lieferant gewesen." In der Praxis kommt so etwas, leider schon mal vor.

Selbstverständlich müssen Fragen dann und wann ge-stellt werden. Ohne dass wir Fragen, ist oftmals von un-serem Gesprächspartner keine entsprechende Reaktion zu erwarten. In dem „schlechten Beispiel" erfolgen je-doch, im Verhältnis gesehen, schon zu viele Fragen. Es wird überspitzt ausgedrückt, das eigene Schicksal in die Hände des Verkäufers gelegt. Der Gesprächspartner wird zweimal zu einer Stellungnahme aufgefordert, die gegen unsere Interessenslage gerichtet sein kann.

8.3.2 Die Ware bestellen und den Preis vorgeben

Beispiel:

- „Herr Münch, ich will bei Ihnen 500 Stück ………. zum Preis von je 22,-- € bestellen. Das geht doch in Ordnung? Bis wann können Sie liefern?"

Mit der zusätzlichen Frage nach dem Liefertermin wird der Versuch unternommen, von dem Preis abzulenken und somit einer drohenden Preisdiskussion aus dem Wege zu gehen.

8.3.3 Den Preis fordern und emotional absichern

Beispiel:

- „Herr Keil, ich bekomme doch von Ihnen den Stückpreis von 125,-- €? Enttäuschen Sie mich jetzt bitte nicht."

Diese Vorgehensweise setzt eine gute, wenn nicht sehr gute Beziehung zwischen Einkäufer und Verkäufer voraus.

8.3.4 Das Preisgespräch vertagen

Beispiel:

- „Frau Fichtner, der Preis entspricht noch nicht ganz meinen Vorstellungen. Ich melde mich später wieder bei Ihnen."

Durch diese Formulierung entsteht bei dem Verkäufer sicherlich der Eindruck, dass gleich nach dem Anruf alle potentiellen Lieferanten nach dem Preis abgefragt werden und die Aussichten den Auftrag zu bekommen, dann eher als gering einzuschätzen sind.

Wichtig ist, dass der zweite Satz vom Einkäufer nicht zu schnell aufgesagt und danach sofort aufgelegt wird. Es besteht nämlich durchaus die Möglichkeit, dass der Verkäufer schnell noch einhakt und einen günstigeren Preis anbietet.

8.3.5 Das Preisgespräch hat sich „fest gebissen"

Wenn wir im Preisgespräch nicht weiterkommen, müssen wir das Thema verlassen und etwas anderes dazwischenschieben, das unseren Gesprächspartner zunächst ablenkt. Nach diesem Ablenkungsmanöver ist dann ein neuer Versuch zu wagen und das Preisgespräch fortzusetzen.

Beispiel:

- „Frau Bischoff, mal eine ganz andere Frage: Bis wann könnten Sie den Auftrag ausführen?"

8.3.6 Den Auftrag dringlich machen und den Preis fordern

Beispiel:

- „Frau Bloch, Ich benötige sehr dingend von Ihnen .... bis .... 72,-- € pro Stück, das geht doch in Ordnung?"

Dies ist eine Überrumpelungstaktik, die vor allem bei dem gleichen Verkäufer nicht allzu häufig angewendet werden darf. Sofern der Preis im Bereich des Machbaren liegt, gibt es kein Problem. Wenn der Preis dagegen für den Verkäufer nicht ohne weiteres zu realisieren ist, wird er auf jeden Fall wiedersprechen.

8.3.7 Den Angebotspreis des Verkäufers abwehren und selbst gleich darauf einen Preis nennen

1. Beispiel:

- „Herr Lauer, der Preis ist noch nicht realisierbar. Ich biete Ihnen 500,-- €. 500,-- € ist ein faires Angebot."

2. Beispiel:

- „Herr Fröhlich, Sie meinen also 500,-- € das Stück. Das geht auf keinen Fall. Auf 450,-- € kann ich mich gerade noch einlassen. 450,-- € das ist für Sie ein gutes Geschäft."

Es kann jetzt noch zusätzlich ein wenig Druck ausgeübt werden:

- „Herr Fröhlich, geben Sie sich jetzt endlich einen Ruck."

8.4 Den Sieg verkraften

Wenn wir unseren Preis gegenüber dem Gesprächspartner durchgesetzt haben, sollten wir, als Reaktion darauf, auf keinen Fall das Triumphieren anfangen. Der Verkäufer darf sich nicht als Unterlegener vorkommen. Er soll sich dagegen als ein lieber Mensch fühlen, der uns einen Gefallen getan hat.

Als richtige Verhaltensweise kann die Methode „Das Positive verstärken" empfohlen werden. Nach dem Einverständnis des Verkäufers erfolgt von uns sofort eine Äußerung wie beispielsweise „prima" oder „schön".

8.5 Der Gesprächsabschluss

Gegen Gesprächsende sind die wichtigsten Punkte noch einmal zu wiederholen bzw. zusammenzufassen.

Beispiele:

- „Über den Preis haben wir uns also geeinigt. Die Anlieferung erfolgt bis Dienstag. Damit ist ja alles in Ordnung."

- „Sie senden mir bis spätestens in einer Stunde das E-Mail, prima."
- „Sie stellen mir also die Preisliste zusammen und schicken sie so bald wie möglich ab."

8.6 Das Verabschieden

Für das Gespräch sollten wir uns bedanken. Wir können anschließend noch etwas Schönes wünschen. Nach der Verabschiedung ist der Name des Gesprächspartners zu nennen.

Beispiele:

- „Dann bedanke ich mich bei Ihnen recht herzlich. Ich wünsche Ihnen noch eine schöne Zeit. Tschüss, Frau Rössler."
- „Vielen Dank. Ein schönes Wochenende wünsche ich Ihnen. Auf Wiederhören, Herr Löffler."

Anhang:

Die Lösungen zu den Übungen

Anmerkung:

Mit Ausnahme von Übung 6.1.1.1 (S. 51) „Die Art der offenen Frage" werden als Lösung individuell zu formulierende Sätze verlangt. Den genauen Wortlaut der Lösungsvorschläge zu treffen, wäre ein großer Zufall. Sie dienen lediglich zur Orientierung.

6.1.1.1 Die Arten der offenen Frage (S. 51)

Welche Fragen sind „öffnend" und welche Fragen sind „nicht öffnend"?

Auflösung der Übung:

Frage	öffnend	nicht öffnend
1. Wie können wir gemeinsam dieses Preisproblem lösen?"	x	

2. „Auf welchen Betrag können wir uns jetzt einigen?"		x
3. „Wie viel Rabatt gewähren Sie bei 10.000 Stück?"		x
4. „Was können Sie mir sonst anbieten?"	x	
5. „Aus welchem Grund gewähren Sie keinen Rabatt?"	x	
6. „Was kostet die Anschaffung?"		x

6.2.1 Die geeignete Rückmeldung geben
(S. 70)

Lösungsvorschlag:

Verkäufer: „Ab einer Abnahme von 1.000 Stück bekommen Sie den günstigen Stückpreis von 350,-- €."

Einkäufer: „Sie meinen also ab einer Abnahme von 1.000 Einheiten können Sie mir den Stückpreis von 350,-- € einräumen?"

Verkäufer: „Ja, das stimmt."

Einkäufer: „Der Preis ist noch viel zu hoch. Ich bin bereit bis 320,-- € zu gehen."

6.3 Die Argumentation (S 73 ff.)

Lösungsvorschläge:

1. Übung:

Thema: Die Marktsituation verlangt niedrigere Einkaufs-
preise.

1. „Unter der Marktsituation haben wir das Produkt neu
anfragen müssen."

2. „Denn wir stehen unter enormen Kostendruck."

3. „Es hat sich somit herausgestellt, dass Ihr Angebot
um gut 6 % zu hoch liegt."

4. „Wenn Sie den Angebotspreis nicht reduzieren, kaufen wir bei einem Ihrer Mitbewerber."

5. „Ich schlage vor wir einigen uns auf 3.500,-- €.
3.500,-- € ist mein letztes Wort."

2. Übung:

Thema: Ein Mitbewerber liefert zum günstigeren Preis.

1. „Ich muss zu den günstigsten Konditionen kaufen."
2. „Und deshalb bin ich immer bemüht einen günstigen Anbieter zu finden."
3. „Einer Ihrer Mitbewerber liefert die gleiche Qualität zum günstigeren Preis. Er verlangt 2.000,-- €."
4. „Sie sehen also, es gibt noch günstigere Anbieter."
5. „Wenn Sie mir den Preis von 1.900,-- € geben, kann ich Ihnen den Auftrag erteilen. Können wir uns darauf einigen?"

6.5 Das Wenn-dann-Formulierungsschema im Preisgespräch (S. 78)

Lösungsvorschlag:

„Wenn Sie überhaupt kein Entgegenkommen zeigen, dann können Sie auch nicht mit dem Auftrag rechnen."

6.6 Die Wendetechnik (S. 80 f.)

Lösungsvorschlag

Verkäufer: „Ein Unternehmen braucht Gewinne. Ohne diese Gewinne kann es nicht existieren. Darum muss es auch in Ihrem Interesse sein, dass wir uns auf einen entsprechenden Preis einigen."

Einkäufer: „Das ist doch verständlich, dass Ihr Unternehmen einen Gewinn erzielen muss, jedoch müssen auch wir marktgerecht anbieten können."

6.8 Die Einwandbehandlung (S. 85 f.)

Lösungsvorschlag

Einwand des Verkäufers: „Ihre Firma nagt nicht gerade am Hungertuch und Sie wollen den Preis so stark drücken."

1. Stufe

- Einwand sinngemäß wiederholen und eine Kontroll-frage stellen.

Einkäufer: „Sie sehen nicht ein, dass ich den Preis re-duzieren will, obwohl es der Firma einiger-maßen gut geht. Stimmt das?"

Verkäufer: „Ja, so ist es."

2. Stufe

- Es folgen die Ausführungen des Einkäufers.

Einkäufer: „Ich kann Ihre Verwunderung gut verstehen, nur nagen wir höchstwahrscheinlich deshalb nicht am Hungertuch, weil wir immer be-strebt sind, günstig einzukaufen. Aus die-sem Grund können wir die Produkte zu wettbewerbsfähigen Preisen anbieten."

3. Stufe

- Mit einer Kontrollfrage ist zu prüfen, ob der Einwand beseitigt wurde.

Einkäufer: „Ist das für Sie so akzeptierbar?"

Der Autor

Rolf Kamphaus, Diplom-Kaufmann, Diplom-Betriebswirt (FH) hat an der Friedrich-Alexander-Universität Erlangen-Nürnberg mit den Schwerpunkten Unternehmensführung, Betriebspsychologie und Industriebetriebslehre studiert. Zuvor absolvierte er auch das Studium an der Fachhochschule Nürnberg mit dem Schwerpunkt Marketing.

Nach langjähriger Tätigkeit in großen Unternehmen mit den Aufgabengebieten Unternehmensorganisation und Kunden- und Lieferantenmanagement ist er seit 1988 freiberuflicher Dozent und Trainer für Fach- und Führungskräfte aus Industrie und Wirtschaft.

Gleichzeitig gründete er das Management-Studio für Personal und Organisation. Als Inhaber dieser Firma ist er selbst Anwender der von ihm trainierten Methoden. Er ist langjähriger Managementtrainer bei Industrie- und Handelskammern, Wirtschaftsverbänden sowie bei Firmen.

Das Seminarspektrum umfasst die Themenbereiche:

Kommunikation, Einkauf, Verkauf und Marketing,
Unternehmensführung, Mitarbeiterführung
sowie Organisation

Gerne werden auch für Ihr Unternehmen Seminare abgehalten.

Nehmen Sie den Kontakt auf! Fordern Sie die detaillierte Seminarübersicht an!

E-Mail: rolf.kamphaus-seminare@t-online.de